RICA DE CUNA, MUJER NUEVA

RICA DE CUNA, MUJER NUEVA

Cómo Gestionar
Tu Dinero y Tu Vida

BYRON TULLY

ACORN STREET PRESS

Tabla de Contenidos

Agradecimientos vii
Introducción 1
Capítulo 1: Una Habitación con Vistas 5
Capítulo 2: El Mejor Espectáculo del Mundo 13
Capítulo 3: Es lo que Tú Sabes 27
Capítulo 4: El Estándar de las Metas 37
Capítulo 5: Bajo la Influencia 45
Capítulo 6: Lo que se Pone Difícil 61
Capítulo 7: Decisiones, Decisiones 67
Capítulo 8: A Través del Espejo 77
Capítulo 9: Nacida Preparada 89
Capítulo 10: Camina por Aquí 95
Capítulo 11: Úsalo Bien 109
Capítulo 12: La Mejor de tu Clase 117
Capítulo 13: Víctimas de la Moda 129
Capítulo 14: Siempre es Personal 141
Capítulo 15: Fusiones y Adquisiciones 149
Capítulo 16: Administrarás 157
Capítulo 17: Tener y Sostener 173
Capítulo 18: "Primeras" Damas 181
Conclusión 189
Apéndice de las Compañías de Cosméticos y sus Participaciones 193

Copyright 2018 de Byron Tully. Todos los Derechos Reservados.
Foto de Portada de Gordon Parks. Licencia cortesía de Getty Images.
Todas las demás fotografías de Weatherford Bradley. Copyright 2016.

ACORN STREET PRESS

Todos los Derechos Reservados.
Translated from English by:
Diana Casòliba Bonache
www.fiverr.com/spaintranslator
Rica de Cuna, Mujer Nueva
Cómo Gestionar Tu Dinero y Tu Vida

Agradecimientos

John Donne dijo una vez que ningún hombre es una isla. También podría haber agregado que ningún autor realmente escribe solo.

Esto es doblemente cierto cuando un hombre escribe algo para o sobre mujeres. Evidentemente, como autor de este libro, he recopilado información y obtenido la perspectiva de las mujeres en mi vida. Más importante aún, me han inspirado.

No reconocer esto sería negligente por mi parte, si no criminal. Así que déjame comenzar…

A Lark Ireland, quien proporcionó la idea original de este libro.

A Lorna Scott, cuya gracia y reserva británicas siguen siendo excelentes.

A Candyce Spruel, cuya "hermandad", amistad y apoyo han sido invaluables.

A Simonne Adellcia Bogel, que se ríe con tanta facilidad, cocina de manera brillante y es da tan libremente.

Para las "chicas" de la Clase del 77: Annie y Annie, Barbara, Dana, Darla, Dra. Deb, Gina, Leslie, Patti, Rae y Shi Shi, quienes han sido el corazón de la diversión y la amistad durante más de 40 años.

Aux filles du Fou: Carol, Noémie, Sana, et Marie—dont la générosité, la gentillesse et le café—ont rendu possible la création de ce livre.

A Elisabetta, Ketty, e Chiarastella - i miei cari amici veronese.

Y para mi madre, que ha sido fuente de paciencia, generosidad y, sobre todo, amor.

Para mi esposa,
la Ejemplar que inspira,
por su enorme contribución a este libro,
y a nuestras vidas.

"Y llegó el día en que el riesgo que corría por quedarse firme dentro del capullo era más doloroso que el riesgo que corría por florecer".

—Anais Nin

6 Junio, 2017 - Ponferrada, España

Introducción

Como mujer, tú eres la que ganas, administras, gastas e inviertes tu dinero. Puedes estar en desventaja en algunos casos, pero no por eso eres una víctima. No eres indefensa. Estás en el asiento del conductor. No te equivoques al respecto: en una sociedad capitalista, el dinero es poder. Si bien puedes estar leyendo esto y estar bajo una montaña de tarjetas de crédito o deudas estudiantiles, puedes cambiar tu situación aplicando algunos fundamentos de finanzas personales. Todo lo que se necesita es un poco de conciencia, algunas opciones y un poco de tiempo.

Byron Tully

Después del éxito de "*The Old Money Book*" y "*The Old Money Guide to Marriage*", pensé que sería muy beneficioso y oportuno escribir un libro específicamente para mujeres. Con ese fin, el propósito de este libro es educar, empoderar e inspirar a las mujeres hacia un mayor nivel de independencia y una mejor calidad de vida.

Ten en cuenta que no he dicho "ayudar" a las mujeres. Las mujeres tienen el intelecto, el ingenio y el impulso para ayudarse a sí mismas, muchas gracias. Lo que a menudo buscan son nuevas perspectivas, estrategias y herramientas que puedan considerar, absorber e implementar para lograr sus objetivos en un mundo en el que los hombres hacen la mayoría de las reglas... y cambian esas reglas para adaptarlas a su beneficio. Para ello, este libro tiene objetivos muy definitivos:

- alentar a las mujeres a crear empleos y oportunidades financieras para sí mismas que conduzcan a la independencia financiera para ellas mismas y sus familias;
- asegurar una posición social para las mujeres igual a los hombres; e
- identificar y descartar normas y condicionamientos sociales obsoletos e inútiles y reemplazarlos con nuevas perspectivas y formas de pensar.

La ironía de que este libro para mujeres haya sido escrito por un hombre no se me olvida. En lugar de ver mi género como una base (muy sexista) sobre la cual descartar la validez de los conceptos presentados aquí, puedes considerar ventajoso aprender de un hombre al que realmente le gustan las mujeres y quiere que tengan éxito en este mundo.

Además, es importante reconocer que gran parte de este mundo moderno ha sido concebido, construido y codificado por hombres y para hombres, a veces en detrimento de las mujeres. Obtener información desde adentro, o desde el otro lado, como quieras verme, podría ser valioso.

Escribí esto para ti, mujer moderna que ves tu vida como una oportunidad y una aventura. Ocurre que algunas de las herramientas a tu disposición para maximizar este momento presente se encuentran en tradiciones del pasado probadas por el tiempo. Puedes estar de acuerdo con las ideas que presento y utilizar algunas de ellas. Puedes estar en desacuerdo con algunas de las ideas y no ponerlas nunca en práctica. Puedes ajustar algunas de las estrategias para que sean más efectivas para ti. Soy muy realista sobre mi lugar en tu vida. Yo no soy la autoridad: tú lo eres. Solamente tú sabes lo que necesitas mejorar, lo que te motiva y lo que realmente estás dispuesta a hacer para cambiar tu situación.

Aun así, el beneficio final de este libro seguirá siendo el de darte la oportunidad de ser más consciente, estar más informada y poder tomar mejores decisiones. Estos conceptos y estrategias te ayudarán a navegar por aguas que aún son sexistas, todavía misóginas, aún injustas y violentas. Para ser claros, no abogo por una "guerra de los sexos" o una actitud hostil hacia los hombres, o cualquier otra persona. Abogo por un enfoque abierto, comunicativo, deliberado y equilibrado para tratar con la vida y las personas que la rodean, incluidos los hombres.

Hay una frase legendaria de Reinhold Niebuhr en la que le pide al Señor que él le conceda la serenidad para aceptar todo aquello que no puede cambiar, fortaleza para cambiar lo que es capaz de cambiar y sabiduría para entender la diferencia. Se llama la Plegaria de la Serenidad. Por el contrario, voy a presentar conceptos que creo que a ti, como mujer, te conviene desafiar o encontrar una manera de eludir. Mi regalo para ti es articular cuáles son algunas de estas opciones y problemas, abórdalos lo mejor que puedas.

Voy a evitar la popular etiqueta "feminista". Creo que todos los habitantes de este planeta deben ser tratados con el mismo respeto y tener las mismas oportunidades, independientemente de su género, raza, preferencia sexual, origen étnico o religión. Voy a hacer referencia a la cultura que mejor conozco: los Ricos de Cuna.

"Rico de Cuna" es un término que generalmente se refiere a individuos y familias que han disfrutado de riqueza y privilegios durante tres generaciones o más. Probablemente estés familiarizada con el término e incluso conozcas a algunas personas a las que se han referido como Ricos de Cuna. Voy a articular las tradiciones casi nunca discutidas y casi secretas de los Ricos de Cuna que tú, como mujer, puedes usar en la escuela, el trabajo, el hogar, en tu propia situación personal, para vivir una vida más rica en el mundo moderno. No te voy a decir qué hacer. Voy a compartir conceptos y estrategias que he visto funcionar bien, generación tras generación.

Para ser claros, tu estado socioeconómico actual no importa. Tu patrimonio neto actual no importa. Tu edad actual no importa. Lo que importa es tu deseo de unirte a lo que se ha llamado "la verdadera nobleza". Es decir, tratar de ser una mejor persona mañana de lo que eres hoy.

Unirse a esa nobleza es un viaje. Este libro puede, simplemente, prepararte para ese viaje.

Por lo tanto, tómate un momento y cortésmente, pero con firmeza, cierra la ruidosa agitación a tu alrededor. Concéntrate en ti misma, tu mundo, tus metas y tus sueños. Veamos qué podemos hacer para maximizarlos, aquí y ahora, con los recursos con los que tenemos que trabajar. Es posible que no podamos ver todo el camino hasta el horizonte, pero podemos encontrar un camino para seguir adelante.

Por el viaje…

Byron Tully

Noviembre 2018

"Lo que puedas hacer, o sueñes que puedes hacer, empiézalo. La audacia tiene genio, poder y magia en ella".

—Goethe

CAPÍTULO 1

Una Habitación con Vistas

Goethe tenía razón. Empezar. Moverse. Crecer. Comenzar. Entonces, comencemos este viaje tomándonos un momento para comprender la importancia de la perspectiva. La perspectiva se puede definir como el punto de vista o puntos de vista que tienes cuando miras algo. Ciertamente te afecta *cómo* miras algo y lo *que* ves cuando lo observas. Lo que muchas mujeres no se dan cuenta es que esa perspectiva puede afectar *si realmente ves algo*.

Lo que miras o consideras puede ser un objeto sólido y tangible como una mesa o una obra de arte. También puede ser un concepto, es decir, tu vida. Tu experiencia personal, educación o creencias religiosas pueden informar a tu perspectiva sobre un concepto. Obtener más información, conocer gente nueva, tener diferentes experiencias y hablar con otros sobre un concepto puede cambiar tu perspectiva y tus elecciones.

En este contexto, la perspectiva afecta, entre otras cosas, *cuando* haces las cosas que haces (específicamente, en qué momento de tu vida tomas decisiones importantes) y *cómo* estas elecciones encajan en el panorama general.

Digamos, como un ejemplo exagerado, que pasas toda tu vida en tu habitación. Nunca la dejas y solo ves el mundo exterior a través de una sola ventana. No tienes idea de cómo es el resto de tu casa. Menos idea todavía tienes de tu vecindario y no tienes idea de tu mundo. Tomas decisiones basadas en tu existencia en tu habitación, no en tu vida en el mundo, porque has visto el mundo solo desde la perspectiva de tu habitación.

Esto ilustra una falta de perspectiva. La persona que vive solo en su habitación puede compararse con una persona que ve su vida solo en el momento presente, no donde está en relación con toda su vida. También puede referirse a una persona que no ha leído, estudiado, aprendido, viajado o experimentado mucho: su perspectiva es limitada. No se pueden ver las cosas en contexto, ya sea geográfico, cultural o histórico. A nivel personal, no entienden que las elecciones que toman hoy afectan sus vidas a largo plazo.

Vivir la vida puede proporcionarte una "perspectiva" a medida que adquieres experiencia (a veces dolorosa) y conocimiento (difícilmente ganado). Aun así, es esencial comenzar el viaje con una "perspectiva" diferente. Es decir, la capacidad de ver las cosas en contexto, en relación con otras cosas y con el todo. En este capítulo, abordamos estas "cosas" como las principales decisiones que tomas u opciones que tienes a medida que avanzas en la vida, que es el "todo" en cuestión.

Aquí hay un ejercicio simple para ayudar con la perspectiva: coge un trozo de papel y ponlo en horizontal. Toma un bolígrafo y dibuja una línea recta a través de la página, de derecha a izquierda. Escribe "cero" en el extremo izquierdo de la línea y 85 en el extremo derecho de la línea.

Ahora, a medida que avanzas de "cero a 85", a intervalos proporcionales, escribe 18, 30, 45 y 65. Como habrás adivinado, esta es una cronología primitiva de tu vida, desde el nacimiento hasta los 85 años. Antes de entrar en detalles sobre cada punto de opción, o 'poste de la tienda', que puede ocurrir en tu vida alrededor de las edades de 18, 30, 45 y 65, veamos algunos bloques de construcción fundamentales en la vida de una Mujer Rica de Cuna.

Cita de Ricos de Cuna: "No es fácil encajar a las mujeres en una estructura que ya está codificada para hombres".

—Cathy O'Neil

Perspectiva y la Mujer Rica de Cuna

Cuando se trata de obtener una perspectiva de sus vidas y usar esa perspectiva para tomar buenas decisiones, las Mujeres Ricas de Cuna tienen algunas ventajas evidentes que incluyen:

- Una red social con recursos e información que le proporciona exposición y alimenta la comprensión;
- finanzas que le brindan más opciones al considerar una carrera o al elegir no trabajar en un sentido convencional;
- el momento de observar y reflexionar, ya que su hogar es un ambiente generalmente tranquilo y predecible; y
- la vida de sus antepasados consumados que se presentan como ejemplos.

Las familias Ricas de Cuna tienden a promover y reforzar la estructura: hacer ciertas cosas en ciertos momentos de la vida. La Mujer Rica de Cuna iba a la escuela preparatoria mientras crecía. Luego va a la universidad. Si quiere tomarse un año sabático y viajar por todo el país o vivir en el extranjero, lo hace. Luego, ella trabajará en la profesión que elija. En cierto momento, puede casarse y, si así lo decide, tener hijos.

Las interrupciones o desviaciones de esta norma son raras. Eventos como embarazos no planificados o abandono de la escuela secundaria son casi inexistentes. Hay un patrón, y ella generalmente lo sigue. ¿Por qué? Porque tiene sentido y ha dado muy buenos resultados para las generaciones pasadas. Si algo funciona, ¿por qué rebelarse contra ello? ¿Por qué tratar de "arreglarlo"?

La Mujer Rica de Cuna observa a sus padres, abuelos y extensa familia, y tiene la oportunidad de ver sus vidas en comparación con la suya: dónde ha estado, dónde está, dónde quiere ir. Ella se beneficia al presenciar y compartir su estilo de vida activo, deliberado, bien considerado y reflexivo. A una edad temprana, ella gana perspectiva.

Aun así, enfrenta los mismos desafíos que tú para decidir *qué* hacer, si no *cuándo* hacerlo. También se enfrenta a las mismas actitudes chovinistas de los hombres que preferirían que se quedara en casa y cocinara un buen bistec en lugar de salir al mundo y contribuir a él poderosamente. Ella tiene ventajas, pero no es inmune a los obstáculos.

~ EL SECRETO DE LOS RICOS DE CUNA ~

La perspectiva, el punto de vista desde el que ves algo, puede ser la información más importante que puedes tener sobre una elección. Es importante adquirir y mantener la perspectiva. Las mejores decisiones sobre qué hacer y cuándo hacerlo se toman con un sentido de perspectiva.

* * * * *

Aspectos para Recordar

Una gran ventaja en la vida es obtener una perspectiva sobre la "vida en general" antes de hacer planes para "tu vida" en particular. Es por eso que este capítulo sobre perspectiva es el primer capítulo de este libro: intenta ver tu situación personal actual desde un punto de vista más objetivo y ligeramente alejado, en un contexto global. Esto podría ayudar a reducir la presión de cualquier elección o decisión pendiente que puedas tener en este momento y que puedas pensar que es la decisión más importante de la historia. Puede perfectamente ser una gran decisión, pero verla en el contexto del "nacimiento hasta los 85 años" podría, sí, "ponerla en perspectiva". Ahora, observa tu situación y hazte estas preguntas:

- ¿Tienes una red social de familiares, amigos, mentores y colegas que te brinde información confiable, apoyo emocional y recursos actuales para ayudarte a obtener y mantener una perspectiva sobre tu vida y las principales opciones que enfrentas?

- ¿Están tus finanzas en orden? ¿O son una distracción, una carga o un obstáculo para ti cuando intentas priorizar las cosas a corto plazo y planificar a largo plazo?

- ¿Has estructurado tu horario diario o semanal para darte un momento de tranquilidad para reflexionar sobre tu vida?

- ¿Tienes modelos a seguir cuyas vidas te sirvan de referencia e inspiración?

Responder estas preguntas honestamente y luego dar un primer paso para corregirlas o mejorarlas es fundamental. Recuerda la cita de Goethe que inició este libro y este capítulo: "Lo que puedas hacer, o sueñes que puedes hacer, empiézalo", así que comienza. Haz este pequeño inventario. Decide qué puedes mejorar y cómo puedes comenzar el proceso. Una vez que hayas hecho eso, analizaremos algunas opciones comunes e importantes que probablemente tendrás en tu vida y discutiremos cómo abordarlas.

Así que expande tu "habitación con vistas". Mira tu vida con perspectiva. Mira tu vida como un viaje. Entonces comienza el viaje.

Presentando a Las Ejemplares

A veces es difícil tener una perspectiva de tu propia vida. Puede ser útil mirar la vida de otra persona y ver qué paralelos pueden establecerse entre la situación en la que te encuentras y los desafíos que enfrentas, y la vida de otra persona y los desafíos que tuvo que enfrentar.

Con ese fin, al final de cada capítulo vamos a destacar la vida de una gran mujer. Estos son ejemplos excelentes: ejemplares. Explora las vidas de estas mujeres notables que cambiaron la historia. Lee sus biografías. Aprende sobre los desafíos que enfrentaron. Déjate inspirar por sus logros. Emula sus mejores cualidades. Honra sus legados.

> *Cita de un Rico de Cuna: "Desafía tus suposiciones para que puedas encontrar tu verdad".*
>
> —Anónimo

La Ejemplar - Madame Curie

Marie Sklodowska Curie nació en Varsovia, Polonia, el 7 de noviembre de 1867. Hija de una maestra de secundaria, Marie se fue a París en el año 1891 a estudiar física y matemáticas en la Sorbona. Allí conoció a Pierre Curie, profesor de la Facultad de Física, con quien se casó en 1895.

Juntos, los Curie comenzaron a investigar la radioactividad, y en julio de 1898, anunciaron el descubrimiento de un nuevo elemento químico, el polonio. Poco después, anunciaron el descubrimiento de otro, el radio. La pareja, junto con Henri Becquerel, recibió el Premio Nobel de Física en 1903 por su trabajo en radiactividad.

Después de la trágica muerte de su esposo Pierre en 1906, Madame Curie se hizo cargo de su puesto docente, convirtiéndose en la primera mujer en enseñar en la Universidad de la Sorbona. Se dedicó a continuar el trabajo que habían comenzado juntos. En 1911, Madame Curie ganó otro Premio Nobel de Química por crear un medio para medir la radiactividad.

Su investigación y trabajo permanecieron en gran medida en el ámbito académico hasta la Primera Guerra Mundial cuando aplicó sus descubrimientos al desarrollo de rayos X en cirugía. Durante la guerra, diseñó y equipó pequeñas ambulancias con unidades móviles de rayos X. Estos fueron utilizados para diagnosticar lesiones cerca de los frentes de batalla.

La Cruz Roja Internacional la hizo jefe de su servicio radiológico y realizó cursos de capacitación para ayudantes médicos y doctores. Como directora del Servicio Radiológico de la Cruz Roja, recorrió París, recaudó dinero y buscó donaciones de suministros y vehículos que podrían convertirse en ambulancias.

En octubre de 1914, estas primeras máquinas de rayos X, conocidas como "Petits Curies", estaban listas, y Madame Curie se puso al frente. Su hija Irene, que entonces tenía 17 años, se unió a ella en estaciones de cuidado de víctimas cerca de los lugares de batalla, haciendo rayos X a los heridos para localizar fracturas, balas y metralla. La experiencia y la tecnología de Madame Curie salvaron miles de vidas.

Después de la guerra, continuó su trabajo como investigadora, maestra y directora de un laboratorio. A pesar de sus logros y contribuciones, Madame Curie continuó enfrentando una gran oposición por parte de hombres científicos en Francia y nunca recibió importantes recompensas financieras de su trabajo.

A fines de la década de 1920, su salud comenzaba a deteriorarse. Falleció de leucemia el 4 de julio de 1934, causada por la exposición a la radiación de alta energía por sus investigaciones. Fue la primera mujer enterrada en el Panteón de París. La hija mayor de los Curie, Irene, también se convirtió en científica y también ganó el Premio Nobel de Química.

Los descubrimientos e innovaciones de Madame Curie cambiaron el panorama de la ciencia y la medicina para siempre.

Si ves la ciencia, la tecnología y la medicina como esfuerzos hermosos que esperan ser explorados, aprende más sobre la vida y el trabajo de Madame Curie.

"Debemos tener perseverancia y sobre todo confianza en nosotros mismos. Debemos creer que estamos dotados para algo y que esto se debe lograr".

—Marie Curie

"Hacer o no hacer. Aquí no hay intentos".

- CONFUCIO

CAPÍTULO 2

El Mejor Espectáculo del Mundo

Si alguna vez visitaste el circo cuando vino a la ciudad, o si has visto una carpa de circo, recordarás su forma: sus grandes sábanas de lona están sostenidas por postes, pilares redondos que sostienen la cubierta dándole forma y estructura. Cuanto más robustas y bien colocadas estén las carpas, más segura será la carpa del circo.

Veamos tu vida como una carpa de circo. Analizaremos las "carpas" y las definiremos como puntos de opción o grandes opciones que definen cómo se forma y resulta el lienzo de tu vida. Si bien el viaje de cada mujer es único en los eventos, desafíos y opciones más pequeños que enfrentan, estos desafíos son momentos importantes que muchas mujeres experimentan. Las opciones que los acompañan tienen un gran impacto y a menudo permanente. Pueden determinar qué tan resistente y seguro es el lienzo de tu vida.

Consulta ahora tu tabla "18 a 85".

Tu Primer Poste de Carpa probablemente ocurrirá alrededor de los 18 años, cuando te gradúes de la escuela secundaria y tengas la opción de continuar tu educación en la universidad u otra institución de educación superior.

Tu Segundo Poste de Carpa probablemente ocurrirá alrededor de los 30 años, cuando decidas si vas a tener hijos y ser madre.

Tu Tercer Poste probablemente ocurrirá alrededor de los 45 años, cuando te hayas establecido en tu carrera y tengas opciones sobre lo que puedes hacer con tus recursos, como experiencia, experticia, independencia financiera, influencia y tiempo.

Tu Cuarto Poste probablemente ocurrirá alrededor de los 65 años, cuando tengas la oportunidad de jubilarte, continuar trabajando o hacer la transición a algún tipo de proyecto distinto.

Nota: Tendrás que tomar muchas decisiones en la vida. Estas son solo algunas de las grandes. Las "edades" de 18, 30, 45 y 65 años que he asignado cuando se presenten estas opciones son, por supuesto, variables de mujer a mujer. Las he seleccionado, no al azar, sino porque son marcadores cronológicos aproximados comunes para estos postes de carpas. Echemos un vistazo a ellos con más detalle.

TU PRIMER POSTE

Este poste ocurre alrededor de los 18 años. *Esta puede ser la primera vez en tu vida que tomas una gran decisión.* Tus opciones en este momento pueden ser continuar tu educación formal o finalizarla con un diploma de escuela secundaria. Puedes optar por obtener el mejor trabajo posible con la educación que tienes hasta el momento, tal vez como camarera o empleada en un archivo, o puedes optar por inscribirte en una institución de educación superior. Elige sabiamente.

Es importante reconocer que probablemente hayas pasado la mayor parte de tu infancia y adolescencia dependiente financiera y emocionalmente de otra persona. Has estado creciendo y aprendiendo sobre la vida, en la escuela y desde tu entorno. El día que cumples 18 años, eres legalmente adulta, pero has pasado el 95% de tu vida siendo niña. A menos que hayas tenido una infancia extraordinaria, no estás realmente equipada para tomar grandes decisiones consistentemente bien.

Terminar tu educación, ingresar a la fuerza laboral, casarte y/o quedar embarazada a esta edad son grandes pasos. Puedes ser empleada o madre a la edad de 18 años, o incluso más joven. La verdadera pregunta es: ¿tienes los recursos emocionales, vocacionales y financieros para hacer esas dos cosas bien a largo plazo?

Como solicitante de empleo y futura empleada, tus perspectivas laborales para el presente y el futuro pueden estar limitadas solo con una educación secundaria. Puede haber oportunidades para aprender en el trabajo a medida que trabajas y progresas, pero otros candidatos con más educación también competirán por esas promociones.

Si decides comenzar una familia de inmediato, te haces responsable de ti y de un niño. También te involucras con otros adultos (el padre del niño, por ejemplo) por el resto de tu vida. Si no tienes ninguna experiencia a largo plazo siendo responsable de ti misma, ¿es prudente introducir otra responsabilidad, de por vida, en este momento?

También es importante considerar lo que sucede si *pospone*s una decisión en este momento de tu vida. Si pospones comenzar a trabajar o comenzar una familia, siempre puedes tomar la decisión de hacerlo más tarde. Si pospones tu educación, es posible que nunca la retomes, especialmente si comienzas una familia.

Además, es importante considerar qué sucede si *cometes un error* en este momento. Si cometes un error al formar una familia, es con la que vives el resto de su vida. Si cometes un error sobre, digamos, la universidad a la que eliges asistir, siempre puedes cambiar de opinión y cambiarte a otra universidad. Puedes tomar una decisión, y cometer un error, sobre ambos. Solo una de las decisiones que tomes será una decisión irrevocable que cambiará permanentemente la trayectoria de tu vida.

Nota: Mucha gente quiere casarse. No todos están preparados para casarse. Mucha gente quiere tener un bebé. No todos están preparados para ser padres. Los bebés son lindos. Los niños son trabajo.

Te sugiero que continúes tu educación. Incluso si no sabes lo que quieres hacer con tu vida, recibir una educación te ayudará a medida que avances en la toma de esa decisión. Te presentará las posibilidades y te dará recursos y exposición para aprovechar esas posibilidades.

Haz esta *inversión* en ti misma, para madurar como persona y para desarrollar un conjunto de habilidades y una red social que puedas utilizar en la profesión elegida. Puede ser en una universidad técnica de dos años, una universidad de cuatro años o seis u ocho años que incluyen estudios de posgrado.

Es importante ver la educación universitaria como un viaje de transformación. Empiezas como un adolescente de 18 años, a merced de las condiciones económicas y limitada por una cosmovisión limitada. Lo completas como una joven adulta de veintitantos años con conocimientos básicos, habilidades sociales y vocacionales, autodisciplina y algo de exposición a un mundo más grande en tu haber.

Debes saber que tu educación, en cualquier sentido de la palabra, acaba de comenzar. A los 18 años ya has aprendido a leer, escribir y comprender las matemáticas y ciencias básicas. Tienes una comprensión general sobre la historia y el mundo que te rodea.

No es un gran reservorio al que recurrir si quieres aprovechar al máximo esta oportunidad personal: tu vida. Te animo a que obtengas la mejor educación posible. Aprenderás *hechos* y *habilidades*, pero, más importante aún, aprenderás a *cómo mejorar y refinar tus procesos de toma de decisiones.* Las implicaciones y el impacto de la educación no pueden ser exagerados, ya que informa y enriquece cada poste de la carpa que sigue.

Nota: Las Mujeres Ricas de Cuna priorizan la educación. Es una experiencia que las "completa" como mujeres jóvenes. Les presenta a un nuevo mundo (un campus universitario), a nuevas personas (profesores y compañeros de estudios), y a nuevas ideas (que se encuentran en los libros de texto, conferencias y conversaciones). Es invaluable.

> *"Nunca seas demasiado grande para hacer preguntas, nunca sepas demasiado para aprender algo nuevo."*
>
> —Og Mandino

Tu Segundo Poste

Esto sucede alrededor de los 30 años. Este es el momento en que tú consideras si quieres o no tener hijos y ser madre el resto de tu vida.

Por favor ten en cuenta que digo "tú consideras" tener o no hijos. Esto implica que tienes una conversación, primero contigo misma y luego con tu pareja, sobre ser padres. Lo pensáis. Lo discutís. Sopesáis las ventajas y las desventajas. *Buscas la medianoche de tu alma,* como dicen los poetas. Luego decidís. Luego planificáis.

Supongamos que has pasado entre 18 y 23 años recibiendo educación, y entre 24 y 30 años trabajando y experimentando la vida como adulta independiente. Has encontrado un compañero en la vida. Estás en una relación comprometida o casada. Eres financieramente estable si no financieramente independiente o rica. Ahora, sientes que puedes estar preparada para los niños.

Hay mucha presión social indebida que se ejerce sobre las mujeres jóvenes en estos tiempos. Se suele esperar que se casen y tengan hijos, incluso en esta edad moderna entre comillas. Ten en cuenta esta presión y ten el coraje de decidir sobre cuándo, si y con quién comenzar una familia. No hay estigma, y a menudo mucha más libertad y muchas más opciones en la vida, el amor y el trabajo, para las mujeres que no tienen hijos.

Para tener más opciones en la vida, es importante evitar los llamados "accidentes" que pueden interrumpir o destruir tus planes, esperanzas y sueños para el futuro. Con respecto al embarazo, no hay "accidentes". El embarazo no planificado es consecuencia de la ignorancia, el descuido, la mala toma de decisiones o una combinación de los tres factores. Esperma más óvulo es igual a embarazo. Es así de simple y, para los que no están preparados, una realidad dura.

Al trazar tu propio curso como mujer moderna, es importante comprender que la responsabilidad del control de la natalidad debe compartirse. Sin embargo, la dura realidad en la mayoría de los casos es que es completamente tu responsabilidad. A menos que quieras ser madre, asegúrate de tomar precauciones tú misma. Cuando se produce un embarazo y tú decides ser madre, la responsabilidad de criar a ese hijo será principalmente tuya, independientemente de lo que diga tu pareja o de lo bien intencionado que sea. ¿Injusto? Totalmente. ¿Incorrecto? Fuertemente. ¿Es probable que te cambie para siempre? Incierto. ¿Es mejor saberlo y planificar en consecuencia? Bingo. Entiende que el planeta está superpoblado así como está. Si quieres vivir tu vida para ti y/o tu pareja, no tengas hijos. He escuchado que es muy emocionante estar embarazada, es emocionante dar a luz y estar feliz de cuidar a un recién nacido. Los familiares y amigos ofrecen felicitaciones, celebraciones y apoyo. *Tú*, como madre recién estrenada, eres el centro de atención.

Luego, no mucho tiempo después de eso, la familia y los amigos continúan con sus vidas y tú te levantas a las 3 de la madrugada a cambiar un pañal, alimentar al niño en crecimiento y consolarlo cuando llora. No te sientas resentida si este *shock* de la vida frena algunos de tus objetivos y planes, pasatiempos e intereses. No te sorprendas si sueñas con dormir solamente 8 horas seguidas, olvídate de comenzar un nuevo negocio.

La decisión de ser madre es tan importante que debo tomarme un poco más de tiempo y pedirte que hagas algo por mí y por ti misma en este poste. *Investiga un poco*. Evalúa estadísticas que correlacionen el embarazo adolescente con oportunidades económicas y educativas limitadas para las mujeres, con pobreza, con complicaciones relacionadas con el parto y con enfermedades infantiles.

Habla con las mujeres que conoces que son madres, por supuesto que aman a sus hijos, pero, si tuvieran que hacerlo de nuevo, ¿seguirían siendo madres? ¿Habrían tenido hijos tan pronto como lo hicieron? ¿Tendrían la misma cantidad de hijos? Pregúntales a las mujeres con bebés. Pregúntales a las mujeres en la escuela secundaria que tienen hijos. Pregunta a mujeres con hijos adultos. Escucha atentamente lo que dicen. Escucha aún más atentamente lo que no dicen. Y asegúrate de preguntarle a *las mujeres*, las madres. Los hombres pueden o no tener sus carreras y vidas afectadas por el nacimiento y la crianza de los hijos. La mujer ciertamente lo estará. Las mujeres ciertamente lo hacen. Sé honesta contigo misma y honesta con tu pareja antes de casarte. La pregunta no es: ¿quieres tener hijos algún día? La pregunta es: *¿Quieres ser madre por el resto de tu vida?*

No pienses que cuando un niño cumple 18 o 21 años tu trabajo está terminado. Se dirigirán a ti cuando tengan 30 años, cuando tengan 50 e incluso cuando tú tengas 90. Necesitarán tu apoyo emocional, tu orientación e incluso pueden necesitar tu ayuda económica. Pueden tener hijos propios. Puedes ayudarlos a ser padres. Serás abuela, pero es posible que puedas ser madre de tus nietos, voluntariamente o no.

Conozco parejas que adoran ser padres. Son amorosos y están completamente comprometidos con la crianza de sus hijos, comprometiendo tiempo y dinero, priorizando y planificando. Otras parejas no tienen la energía y el compromiso de ser realmente buenos padres. Algunos comienzan abrumados, pero luego crecen y encuentran la disciplina para cumplir con sus responsabilidades. Otros, desinteresados, sin preparación, y pronto derrotados por las demandas, hacen lo mínimo o ni siquiera eso.

Está perfectamente bien ser la camarera de la cafetería del vecindario mientras estudias y trabajas para alcanzar tus objetivos. Es mucho más difícil ser la camarera que está trabajando y tratando pagar la guardería, la ortodoncia y los uniformes de fútbol para tu hijo. Una vida feliz, saludable y productiva requiere un plan. Un plan es tener una carrera, probablemente dos, y algo de dinero en el banco que sea suficiente para cuidarte y atender las necesidades de tu hijo. Un plan reconoce que la carrera de alguien tendrá que pasar a un segundo plano mientras crías al niño por un período de tiempo, y nunca se sabe cuánto tiempo va a ser. Un plan es realista: si miras tu situación como pareja y no ves cómo puedes mantener a una mascota, ¿cómo demonios crees que puedes mantener a un hijo? Si no puedes permitirte el lujo de criar un hijo, no tengas un hijo. *"Lo resolveremos cuando llegue el momento"* no es un plan.

Ser padre siempre ha sido un desafío. El acceso a Internet y a las redes sociales hace que el trabajo sea aún más exigente hoy en día. El mundo es un campo de minas. Los niños son milagros. Debes saberlo. Considéralo. Este período, de 24 a 30 años, puede ser un momento excelente en la vida, lleno de oportunidades para viajar, tener una carrera, disfrutar de libertad financiera y excelentes relaciones. Mantén tus opciones abiertas, tus posibilidades en aumento. Tienes opciones. No te estoy diciendo qué hacer, pero te estoy diciendo qué pensar: piensa en todo, durante toda la vida, antes de tomar esta decisión. Es irreversible.

Al esperar aproximadamente a la edad de 30 años para considerar tener hijos, te has dado varias ventajas. Estas son solo algunas:

- Te has dado tiempo para crecer.
- Te has dado tiempo para educarte.
- Te has dado tiempo para establecerte financieramente.
- Te has dado tiempo para disfrutar de la vida como adulta, tú sola.
- Te has dado tiempo para encontrarte y desarrollar una relación sólida con otra persona que, muy probablemente, compartirá la alegría y los desafíos de criar a un niño.

Deseas, y probablemente necesites, todas estas ventajas.

Tu Tercer Poste

Esto ocurre alrededor de los 45 años. En este momento, es posible que hayas trabajado durante 20 años.

En este punto, si tienes hijos, podrían estar en la escuela secundaria o simplemente comenzar la universidad. Puede ser que estés comprometida a pagar por su educación. Puede ser la primera vez que tengas la casa para ti sola, o la primera vez en mucho tiempo que tengas a tu pareja para ti. Puedes tener una cierta cantidad de libertad y un momento para reflexionar. En este momento de tu vida, puedes tener la oportunidad de cambiar de rumbo, reducir el tamaño, reubicarte, expandir tu círculo social, regresar a la escuela o volver a dedicar tus esfuerzos a tu trabajo. Si tu carrera ha sido una prioridad, el próximo período entre las edades de 45 y 65 años podría ser el más productivo y gratificante, tanto personal como financieramente. Es posible que hayas subido la escalera corporativa o seas laboralmente independiente. Es posible que hayas asegurado tus credenciales. Es posible que hayas dominado los fundamentos de tu profesión e incluso tus puntos más finos. Tu red de colegas podría estar bien desarrollada. Se puede establecer tu posición en tu industria y tu comunidad. Podrías tener credibilidad, tal vez influencia, tal vez riqueza. Durante este tiempo, puedes ser mentor. Puedes enseñar. Puedes escribir. Puedes impartir tu sabiduría, poner en marcha las carreras de otras mujeres y hombres, dar a organizaciones benéficas o iniciar una organización benéfica. Este es un momento en el que puedes tener la libertad, los recursos, la experiencia y la visión para elevarte en el rumbo que elijas.

¿Dónde quieres estar? ¿En qué puesto quieres estar en tu carrera? ¿Financieramente? ¿Personalmente? ¿Es este el momento en que te gustaría saltar del barco y comenzar una segunda carrera? ¿Entrar en el negocio por ti mismo? ¿Tomarte un año sabático y vivir en otro país? ¿Ser voluntaria en tu comunidad?

Todas estas cosas pueden parecer muy lejanas y casi imposibles de lograr si, en este momento, eres una estudiante universitaria con una montaña de deudas estudiantiles y perspectivas de trabajo inestables o una madre de 30 y tantos años con ganas de hacer más. Pero te diré esto: el tiempo vuela. También te diré con toda sinceridad que puedes hacer casi cualquier cosa que quieras hacer. Lo que se requiere con mayor frecuencia es que tú:

- tengas la idea en tu cabeza;
- averigües lo que hay que hacer;
- organices tus recursos;
- desarrolles las habilidades necesarias;
- trabajes hacia tu objetivo de manera consistente;
- aprendas de tus errores, y;
- nunca te des por vencida.

Nuevamente, establece una meta tangible. Debes saber lo que se requiere para lograrlo. Pon tus cosas en orden. Haz el trabajo. Mejora. Persevera. Logra un objetivo. Luego el siguiente. Te sorprenderás.

Tu Cuarto Poste

Esto ocurre alrededor de los 65 años. Es posible que hayas trabajado durante 40 años, más años de los que algunas personas con las que trabajas llevan vivos. Pensarás en ellos y puedes referirte a ellos como "niños". Se referirán a ti como "señora", y esto puede ser irritante.

Puedes sentirte tentada a retirarte de la fuerza laboral. Tu jefe, si tienes uno, puede invitarte a almorzar y mencionar sutilmente o no tan sutilmente que has tenido una gran carrera y que has hecho una gran contribución a la empresa. Independientemente de cuán exitosa hayas sido, cuánto dinero hayas ganado, puede doler un poco cuando alguien te dirige a la salida.

Otro escenario es que puedes reducir voluntariamente tus horas, trabajar a tiempo parcial o dejar el trabajo por completo. "Jubilación", te diré por los muchos amigos que he conocido que lo han hecho, es genial. Por unos tres meses. Luego comienza el aburrimiento. Incluso para aquellos con todo el dinero y los recursos del mundo, eligen trabajar incluso al envejecer. El ícono de la música Rod Stewart, quien ha vendido más de 100 millones de discos en todo el mundo desde que comenzó a cantar en 1961, mencionó no hace mucho tiempo que se pone "ansioso" después de sentarse en su casa (obviamente muy cómoda) durante un par de semanas. Como una persona que puede comprar o hacer cualquier cosa, o ir a cualquier parte y conocer a alguien, solo quiere volver a trabajar, todos estos años después. Eso debería decirte algo.

Recuerda: el tiempo vuela. Te sugiero que tengas una vaga idea en este momento sobre lo que te gustaría hacer desde los 65 hasta los 85 años. También te sugiero que comiences ahora mismo: trabaja fuertemente en algo que te importa, vive sabiamente y por debajo de tus posibilidades (lee "The Old Money Book" para obtener orientación sobre esto). Ahorra tu dinero, invierte astutamente y ten el dinero para hacer algo más que sobrevivir. También querrás hacer deporte, comer bien y ser feliz ahora para estar sana en tus años dorados.

La Vista Larga

Ahora, tomemos un momento y respiremos profundamente. No puedes saber todo esto ahora ni nunca. No puedes planear todo esto. Sin embargo, *puedes* tener un plan y comenzar a trabajar en él. *Puedes* estar al tanto de la duración de tu vida y tener en cuenta que es finita. Siempre debes tratar de mantener Tu Perspectiva en Tu Vida a medida que conoces a las personas, estableces objetivos, aceptas o rechazas límites con respecto a lo que crees que puedes o no puedes hacer, lo que harás o no harás, lo que puedes o no puedes ser.

Si tienes 18 años y crees que has conocido el Amor de tu Vida y estás lista para casarte, formar una familia y ser madre y esposa por el resto de tu vida, tómate un momento. Mira este trozo de papel que acabamos de dibujar juntos. ¿Es realmente la mejor opción que puedes hacer ahora?

18 a 85. Eso es mucho tiempo, pero pasa bastante rápido. Puedes aprender, crecer y cambiar tremendamente... en solo un año o dos. Date el beneficio de la duda. Si tienes 30 años y estás soltera, o recién casada, mira hacia el horizonte e imagina dónde te gustaría estar dentro de 15 años. ¿Con niños? ¿Sin hijos? ¿Otra ciudad? ¿Otro país? Si tienes 45 o 65 años, o en cualquier punto del camino, tienes la oportunidad de examinar dónde te encuentras, reflexionar sobre las elecciones que has hecho, considerar las metas y sueños que tienes y has tenido, y evaluar los recursos que tienes a tu disposición para hacerlos realidad. Si has tomado una decisión con la que no estás satisfecha, concédete la oportunidad de tomar nuevas decisiones. A medida que implementas estas elecciones en tu vida diaria, puedes experimentar las recompensas o consecuencias que traen.

Nota: si sientes que no tienes opciones, entonces no estás lo suficientemente consciente de tu situación, o no estás dispuesta a cambiar tus hábitos, o ambos. Así que tómate un momento y toma un poco de perspectiva.

Aspectos a Recordar

Breve cuento de hadas: una vez, una joven princesa se perdió en el bosque. Ella se encontró con una rana que llevaba una pequeña corona de oro en su pequeña cabeza verde. "Lamento molestarte", dijo la princesa, "pero caminaba por el bosque y ahora estoy perdida". "¿Puedes ayudarme a volver a mi castillo?" "Por supuesto, su alteza", dijo la rana. "¿Sabes dónde está tu castillo?" "Sí", respondió la princesa. "Está cerca del río, en la montaña más alta de la tierra". "¿Sabes dónde estás ahora?", preguntó la rana. "No, no lo sé", respondió la princesa. A lo que la rana respondió: "Entonces no puedes llegar desde aquí".

La moraleja de la tonta historia es esta: para llegar a donde quieres ir, debes saber dónde estás. De lo contrario, nadie, ni siquiera un príncipe de una rana, puede decirte qué rumbo tomar. La tabla de "18 a 85" y nuestra revisión de los postes comunes de la vida te ayudarán a determinar dónde estás para que puedas decidir cómo llegar a donde quieres estar. (Entraremos en más detalles sobre "dirección" en un capítulo posterior).

Otro concepto a tomar en cuenta y aplicar a muchos de los temas que discutiremos en este libro es B.A.S.I.S., en este caso, el acrónimo se refiere a lo siguiente:

> Balance - presupuesta o limita tu enfoque a donde crees que estás ahora mismo en la vida. Piensa en el corto y estrecho plazo para comenzar. Luego amplía tu campo de visión más adelante.
>
> Adquiere - adquiere la perspectiva necesaria para determinar cuál es el próximo gran poste de la carpa para ti y cómo puedes tomar la mejor decisión.
>
> Salva - salva, ahorra energía y aplícala para ejecutar de manera competente y exhaustiva la elección que hagas para tu próximo gran poste de carpa.
>
> Invierte - invertir en recursos que pueden ayudarte a aprovechar al máximo tu elección.
>
> Suma - Dedica tiempo a una reflexión tranquila para adquirir y mantener una perspectiva de tu vida y para establecer firmemente los postes de carpas que le dan forma a tu vida.

Recuerda: "Hazlo o no, no hay intentos". Haz un plan, no lo *intentes*, hazlo.

LA EJEMPLAR - SONIA SOTOMAYOR

¿Cuánto sabes sobre Sonia Sotomayor? Hija de inmigrantes puertorriqueños, es la tercera mujer y la primera latina en sentarse en la Corte Suprema de los Estados Unidos.

A la edad de 9 años, el padre de la jueza Sotomayor murió, dejando a su madre sola a cargo de ella y su hermano. Vivían en el Bronx, un barrio de clase trabajadora de la ciudad de Nueva York.

Sin embargo, se graduó la primera de su clase de secundaria y asistió a la Universidad de Princeton con una beca completa. Luego asistió a la Facultad de Derecho de Yale también con una beca. En su tercer año, presentó una queja formal contra un bufete de abogados establecido en Washington, D.C., por sugerir durante una cena de reclutamiento que estaba en Yale solo por políticas de acción afirmativa. Al negarse a ser entrevistada por la firma, presentó su queja ante un tribunal docente-estudiantil, que falló a su favor. Su acción desencadenó un debate en todo el campus, y las noticias de la disculpa posterior de la firma en diciembre de 1978 llegaron al *Washington Post*.

La jueza Sotomayor siguió una carrera en el sector privado, pero el banquillo la llamó. Es la única mujer que ha sido nominada a tres puestos judiciales diferentes por tres presidentes diferentes, uno republicano y dos demócratas.

Si crees que puedes tener una carrera en la profesión legal, te animo a que aprendas más sobre la jueza Sonia Sotomayor.

> *"Sí sé una cosa sobre mí: no me mido según las expectativas de los demás ni dejo que otros definan mi valía".*
>
> —Sonia Sotomayor.

"Sé tú mismo. Los demás puestos ya están ocupados".

—Oscar Wilde

27 Mayo, 2017 - Atapuerca, España

CAPÍTULO 3

Es lo que Tú Sabes

Si solo lees un capítulo de este libro, lee este. Es crítico. Me he referido a "estar preparada para este viaje". La educación es *el* aspecto vital de la preparación porque implica el desarrollo de tu mente, tu posesión más preciada en este mundo.

La importancia de una educación no puede ser exagerada. La educación puede ser la experiencia clave y fundamental que te permite elevar y transformar tu vida. No importa cuál sea tu color de piel, qué religión practiques, qué edad tengas o dónde vivas en el mundo, los efectos de la educación son universales.

La educación es tu camino hacia la cima. Es tu salida. Es tu arma. Es tu escudo. Es tu luz. Es tu fuego. Consíguela y úsala. La educación es tuya para siempre. Una vez que la tienes, nunca te la podrán arrebatar.

La educación puede describirse como el proceso mediante el cual se te presenta información e ideas nuevas a través de la experiencia y la instrucción. También es la manera en que entiendes y aplicas nuevos conocimientos. Cuando nos referimos a la "educación" en este libro, con mayor frecuencia nos referiremos al sistema formal y estructurado de educación en el aula que tiene lugar en las escuelas y universidades. La educación a menudo es proporcionada por maestros en un salón de clases. Aprender es lo que haces por ti misma a lo largo de tu vida.

En los Estados Unidos, la educación a menudo se da por sentada debido al fácil acceso a las escuelas públicas. Sin embargo, en las regiones menos desarrolladas de todo el mundo, los padres trabajan largas horas en condiciones horrendas haciendo trabajos miserables para conseguir el dinero para poder enviar a sus hijos a la escuela. Lo hacen en India, donde muchas familias viven con sesenta dólares a la semana. Piénsalo. Lo hacen en China, donde una familia multigeneracional de seis personas puede estar viviendo en un apartamento de dos habitaciones. Piénsalo. Lo hacen en África, donde los niños estudian con lámparas de queroseno por la noche, después de trabajar todo el día. Piénsalo.

Lo hacen porque a menudo viven en un mundo de pobreza extrema que puede ser mortal. La diferencia entre el hambre y un salario digno es a menudo el margen entre la ignorancia y la educación: la adquisición de habilidades básicas y el conocimiento aplicado. Las habilidades y el conocimiento que sacan a las personas de la pobreza y las llevan a la clase media casi siempre se desarrollan a través de la educación. El hecho de que las personas más presionadas para sobrevivir prioricen la educación debería decirte algo sobre su importancia.

Para apreciar plenamente el valor de una educación hoy día, y adónde puede llevarte mañana, podría ser bueno recordar dónde estaban las mujeres en un pasado no muy lejano.

A lo largo de la historia, los hombres han podido mantener el poder sobre las mujeres porque las mujeres no han podido ser autosuficientes. A varias generaciones de mujeres se les ha negado una educación, han sido tratadas como objetos, incapaces de poseer propiedades, excluidas de las decisiones financieras y, en general, oprimidas y enclaustradas por tradiciones "hechas por hombres".

Las mujeres han vivido con leyes que no ayudaron a redactar y en las que no votaron. Han sido marginadas, silenciadas y relegadas a ser portadoras de niños e intérpretes de las tareas domésticas, un objeto de belleza y una fuente de placer, y se han puesto un pedestal que se asemeja a una jaula.

Las mujeres han tenido que luchar y luchar mucho para poder votar, para poder ingresar a las escuelas, para trabajar fuera del hogar y en condiciones dignas, para recibir un salario justo (pero rara vez igual) y estar en posesión exclusiva de su fortunas propias, personales y financieras.

Lo que llamamos el mundo moderno es, para ti como mujer, en gran medida un producto de esa lucha. Es una pelea que no se gana por completo, pero es un lugar muy mejorado. En los Estados Unidos, muchos de los obstáculos que enfrentaron las generaciones anteriores de mujeres han desaparecido. En otros países, los derechos y privilegios de las mujeres aún varían considerablemente. Dondequiera que vivas, debes saber que hoy, en este momento, puedes tenerlo todo.

Es imprescindible que descubras, abraces y honres el trabajo pasado de mujeres heroicas aprovechando al máximo tu vida. Es imperativo que obtengas una educación, ante todo. No malgastes este regalo.

Recuerda esto: Lo más aterrador del mundo para algunos hombres es una mujer con su propia cabeza y su propio dinero. Eso es exactamente lo que quieres ser. La educación es la forma más rápida de obtener y mantener ambos.

Wall Street o Main Street - Los grandes beneficios de la educación

Ya sea que vayas a trabajar en una empresa de corretaje en Wall Street o en una ferretería en Main Street, la educación te hará bien durante toda tu vida. Entonces, si hay alguna forma posible, aprovecha la oportunidad de ser una estudiante si puedes, cuando puedas, donde puedas.

¿No sería tu vida más rica si te expones a una pequeña parte del conocimiento que se ha articulado, preservado y transmitido en los últimos miles de años? Considera y digiere la sabiduría de las edades. Maravíllate con los últimos desarrollos tecnológicos, innovaciones e inventos que tan a menudo estallan en los campus universitarios. ¿Cómo podría cambiar tu vida y tu mundo si tuvieras la oportunidad de desarrollar tu conjunto de habilidades para el empleo y las oportunidades empresariales? ¿Cómo podría mejorar tu comprensión de los eventos actuales si tuvieras la oportunidad de aprender sobre la historia desde una perspectiva diferente y más matizada?

Estudia la mecánica de la política y el dinero para asegurarte de que no seas manipulada o victimizada. Expande tu mente. Profundiza tu comprensión. Amplia tus horizontes.

Aprovecha lo que yo llamo los *Grandes Beneficios de la Educación*.

- *Gran Beneficio Número 1*: Conocimiento por Tu Propio Bien. Esto enriquece tu vida mientras exploras matemáticas, ciencias, literatura, arte, política e historia. Puede que no seas actriz, pero al leer y apreciar a Shakespeare o contemplar a Rumi profundizarás tu comprensión del mundo.
- *Gran Beneficio Número 2*: Mejor Calidad de Vida. (Ten en cuenta que no he dicho "nivel de vida"). La calidad de vida requiere un ingreso suficiente para satisfacer tus necesidades materiales, pero también incluye una comprensión de la mejor manera de administrar tu carrera, oportunidades comerciales y de inversión, vida personal, activos financieros y ocio.

Puedes ganar mucho dinero, pero sin una educación para aprender a administrar y disfrutar tu riqueza, puedes tener una calidad de vida muy baja.
- *Gran Beneficio Número 3*: Maximizando Oportunidades. Date la capacidad de identificar y actuar sobre las oportunidades para hacer de este mundo un mejor lugar para vivir, para ti y otras personas, para las generaciones venideras. Esto significa ser voluntaria, dar a organizaciones benéficas o ir al servicio público. Si no obtienes una educación suficiente o una educación de calidad, puedes pasar todo tu tiempo y gastar toda tu energía simplemente sobreviviendo. No puedes ayudar a nadie más si apenas puedes cuidarte a ti misma. Y realmente no puedes comprender y abordar los problemas que afectan a otros si no puedes digerir la información y ver las cosas en contexto.
- *Gran Beneficio Número 4*: Creando Riqueza Generacional. Aumenta tu capacidad de dejar algo a tus hijos o al mundo en forma de herencia o legado. Dejar un legado da a otras personas más que dinero: ofrece opciones. Eso puede cambiarles la vida y ser emocionalmente gratificante para ti. Puedes facilitar el cambio social. Puedes dejar tu huella. Considera el impacto que Warren Buffet, Bill y Melinda Gates, y Jimmy y Rosalynn Carter han tenido en el mundo. Sigue su ejemplo.

Puedes tener inclinaciones artísticas o técnicas. Eso está bien. Todavía te animo a buscar una educación universitaria. Estas son algunas de las diferencias que la educación universitaria puede hacer en tu vida:

- Las graduadas universitarias tienen más potencial de ingresos;
- Las graduadas universitarias tienen más opciones en sus carreras;
- Las graduadas universitarias tienen menos probabilidades de divorciarse;
- Las graduadas universitarias disfrutan de una mejor salud;
- Las graduadas universitarias viven más tiempo.

Una vez más: la experiencia universitaria es invaluable. A menudo, te inscribes siendo una adolescente insegura sin idea del mundo. La mayoría de las veces, te gradúas como una adulta joven con una cierta perspectiva, conocimiento y habilidades en tu haber para enfrentarte al mundo con un grado de confianza y competencia. Con suerte, también poseerás una mayor conciencia de lo que se espera de ti como ciudadana global.

Los Desafíos y Las Recompensas

Los desafíos para obtener una educación son muchos. En el frente financiero hay gastos de matrícula y, a menudo, alojamiento y comida. La deuda estudiantil es desalentadora, incluso para familias de clase media. Si tienes que trabajar a tiempo parcial o completo, necesitarás el compromiso y la disciplina para superar los madrugones para ir a clases y tener trabajos nocturnos para poder sustentarte.

Tendrás que ver cómo amigos de tu edad tienen "buenos trabajos" y gastan dinero en este momento. Deberás concentrarte en tus objetivos y posponer la gratificación. Tendrás que ignorar a aquellos en los medios que te dicen que el esfuerzo y el gasto de una educación universitaria pueden no valer la pena. Recuerda, la mayoría de estos artículos están escritos por expertos que *tienen* educación universitaria y son publicados por ejecutivos *con* educación universitaria.

La verdad es que a medida que persigues y obtienes una educación, habrás establecido un objetivo que vale la pena y lo has logrado, que es clave para tu autoestima. Tendrás algo que nadie te podrá arrebatar. Durará toda la vida. Sus efectos se notarán en todos los aspectos de tu vida y te nutrirán de formas que no puedes imaginar.

Tendrás un certificado documentado de un cierto nivel de competencia y comprensión. Si tu carrera profesional requiere experiencia técnica, tendrás pruebas verificables de poseer esa experiencia. Tendrás una red de antiguos alumnos a los que recurrir a medida que avanzas hacia el lugar de trabajo. Estarás calificada para muchos más trabajos, incluso si tu campo de estudio no se aplica directamente a tu trabajo.

Una vez más, habrás ingresado en una institución de educación superior en la adolescencia, con una comprensión limitada, y te habrás graduado como adulta joven, llena de promesas. Serás más empática, más madura, más preparada. Estas son solo algunas de las recompensas de obtener una educación. Si no tuviste la oportunidad de obtener una educación inmediatamente después de la escuela secundaria, no te preocupes. Puedes ir a la escuela o regresar a la escuela a cualquier edad. Puedes tomar clases en internet. Puedes tomar clases de noche.

Hay una gran cantidad de recursos para ayudarte a obtener una educación. Personas de todas las edades, en todo el mundo, conocen el valor de una educación y quieren aprender desesperadamente.

Un mundo de apoyo y asistencia está esperando. Hay préstamos y subvenciones disponibles. Los cursos en línea están constantemente disponibles. La guía profesional sobre dónde y cómo comenzar, continuar o terminar tu educación está disponible para cualquier persona que lo desee.

Una advertencia sobre las universidades con fines de lucro: investiga cuidadosamente sus programas, precios y promesas antes de poner tu futuro en manos de una empresa que está en el negocio para ganar dinero. Las universidades privadas, estatales y comunitarias son tus fuentes más confiables para obtener la educación, las calificaciones y las habilidades que necesitas para tener éxito.

Los dueños de negocios y los funcionarios públicos apoyan y creen en la educación porque existe una necesidad constante de trabajadores calificados y una preferencia por una población educada. Uno asegura la prosperidad de una sociedad. El otro asegura su democracia. Las razones de cada estudiante son propias, pero las bendiciones de la educación son universales: una mejor tú, una mejor familia, un mundo mejor.

Educación y La Mujer Rica de Cuna

La educación es *la* prioridad para las familias Ricas de Cuna. Primero reservan dinero para la educación, antes de realizar otras compras o compromisos. Podrán vivir en casas destartaladas, conducir coches viejos y tener la ropa gastada, pero sus hijos y nietos reciben una buena educación.

La Mujer Rica de Cuna, realmente nunca se cuestiona si recibirá o no una educación. Sus padres y probablemente sus abuelos han asistido a la universidad. Es una tradición familiar. La Mujer Rica de Cuna no decide realmente si va a asistir a la universidad: ya se decidió por ella. Asiste a una escuela pública muy buena o una escuela privada de niña, luego se va a una escuela preparatoria durante cuatro años antes de asistir a la universidad. Sus padres probablemente tienen una habitación en la casa que está llena de libros, ya sea técnicamente una biblioteca o no, no es importante: está expuesta a los libros y se espera que lea. Para la Mujer Rica de Cuna, es un libro, no una pantalla grande. Es una lista de lectura, no una lista de reproducción.

Si se desarrolla un área de interés específica en la escuela secundaria, ella comienza a trabajar como pasante en el campo durante el verano para conocer la profesión y conocer gente. Esta práctica continúa en verano durante la universidad. En la escuela secundaria y la universidad, viaja con sus compañeros de clase y maestros, con su familia y de manera independiente, ya que este es un elemento clave de la educación. Puede estudiar en el extranjero durante un semestre o un año en la universidad. Lo más probable es que elija un segundo idioma, generalmente el francés, que, por cierto, es hablado por más de 275 millones de personas en el mundo, desde Haití a Quebec, África a Aix en Provenza.

Ella entiende que el valor de la educación radica no solo en memorizar hechos, sino en aprender a pensar críticamente; no solamente para obtener un diploma para estar calificada para un trabajo, sino para estar expuesta a ideas, pasadas y presentes, que pueden enriquecer su futuro.

Después de graduarse de la universidad, continúa leyendo, asistiendo a conferencias y seminarios, y tomando clases aquí y allá. Estas experiencias la exponen continuamente a nuevas ideas y nuevas personas, incluso si ella trabaja en el mismo trabajo durante varios años. Este nuevo flujo de información la mantiene interesada... e interesante.

~ SECRETO DE RICOS DE CUNA ~

La educación es la prioridad, el camino sólido y comprobado que, si se toma, garantiza la calidad de vida. Es una piedra angular en el desarrollo de individuos completos y autosuficientes. Es clave para la adquisición y preservación de la riqueza y, lo que es más importante, la comprensión de la vida.

* * * * *

Aspectos a Recordar

La educación es un esfuerzo de por vida. No termina cuando te gradúas de la escuela secundaria o cuando te gradúas de la universidad. Tu mejor hábito es la educación constante.

Puedes educarte a ti misma leyendo libros de manera continua y constante. Lee *Historia de dos ciudades* de Charles Dickens, luego admira *El gran Gatsby* de F. Scott Fitzgerald. Elige la biografía de una de nuestras Ejemplares. Lee *Ensayos* de Michel de Montaigne y compáralo con *Meditaciones* de Marco Aurelio.

Aprende un nuevo idioma. Un nuevo idioma es un segundo mundo. Hay cursos y videos en internet totalmente gratuitos, y probablemente personas en tu vecindario que estarán encantadas de ayudarte a aprender. Aprende una nueva habilidad, ya sea una actividad de ocio que enriquecerá tus fines de semana o experiencia profesional que le *agregará* valor en el lugar de trabajo.

Quizás el resultado más importante de tu educación será tu capacidad para cumplir más eficazmente tus compromisos. La Mujer Rica de Cuna Maria Shriver aprendió esta lección de su abuela, Rose Kennedy, cuando la Sra. Shriver asistía a la universidad. Llamó desde un país extranjero donde estaba sufriendo una desagradable pasantía en condiciones menos que elegantes, la Sra. Shriver se quejó a la matriarca de la familia Kennedy y le dijo que quería acortar la aventura y regresar a casa. La señora Kennedy la detuvo fríamente: "Esas personas cuentan contigo. Honra tu compromiso". Y eso fue todo.

La diferencia entre tú hoy y tú dentro de diez años son los libros que lees y las personas que conoces. Lee libros que valgan la pena. Aprende de maestros calificados y experimentados, dentro y fuera del aula.

Prioriza la educación.

Nota: cuando pienses en la situación ventajosa de una Mujer Rica de Cuna, recuerda que alguien de su familia pensó en su futuro hace años. Tomaron medidas, a través de la priorización, la planificación y el trabajo duro, para hacer de su educación una realidad. Si no tuviste la misma oportunidad, puedes brindar educación a otra persona. No hay mayor regalo.

La Ejemplar - Simone Veil

¿Conoces a Simone Veil? Era una abogada y política francesa que se desempeñó como Ministra de Salud bajo Valéry Giscard d'Estaing, luego como presidenta del Parlamento Europeo y también como miembro del Consejo Constitucional de Francia.

Sobreviviente del campo de concentración de Auschwitz-Birkenau, donde perdió parte de su familia durante el Holocausto, fue la primera presidenta de la Fundación Shoah, de 2000 a 2007, y posteriormente como presidenta honoraria.

Después de graduarse del Instituto de Estudios Políticos de París con un título en derecho, Madame Veil pasó varios años practicando derecho. En 1956, aprobó el examen nacional para convertirse en magistrada. Ocupando un alto cargo en la Administración Penitenciaria Nacional bajo el Ministerio de Justicia, fue responsable de los asuntos judiciales y mejoró las condiciones de prisión de las mujeres y el trato de las mujeres encarceladas.

En 1964, se fue para convertirse en Directora de Asuntos Civiles, donde mejoró los derechos y el estado general de las mujeres francesas. Ella logró con éxito el derecho al doble control parental de asuntos legales familiares y los derechos adoptivos para las mujeres. Abogando incansablemente por los derechos de las mujeres, fue mejor conocida por defender la aprobación de la ley de 1975 que legalizaba el derecho de una mujer francesa a elegir.

„Las mujeres francesas nunca tuvieron una mejor amiga", dijo una mujer con la que me paré al ver la ceremonia de entierro de Simone Veil el 1 de julio de 2018 en el Panteón de París. Muy cierto, muy cierto.

Si estás considerando una vida enfocada al servicio público, lee más sobre Madame Simone Veil.

"El dolor es la raíz del conocimiento".

— Simone Veil

„Vende tu inteligencia y compra el desconcierto".

— Rumi

CAPÍTULO 4

El Estándar de las Metas

El rumbo se puede definir como la ruta que conduce al destino deseado. Ese destino puede incluir una situación ideal, un logro educativo, una profesión o un logro financiero.

Tú, como mujer, nunca has tenido mayor libertad que la que tienes hoy para elegir el rumbo que deseas tomar en la vida. Lo sabes intelectualmente, pero ahora es el momento de abrazarlo emocionalmente y dejar que se convierta personalmente en una realidad para ti. Para ser verdaderamente feliz, debes asumir toda la responsabilidad de tu éxito, determinar en qué dirección viajarás y tomar las decisiones importantes sobre tu vida de forma independiente.

A medida que buscas definir un rumbo en el que deseas que vaya tu vida, puede ser útil dividir las cosas en preguntas o categorías, que puede hacerse, hacer una lista de las respuestas y luego pensar.

Lo que parece una "gran decisión" en realidad podría ser una serie de "pequeñas opciones". La única advertencia en este proceso es que seas completamente honesto contigo mismo al preguntar lo siguiente:

- ¿Qué quiero ser? Por ejemplo, médico, abogada, novelista, maestro sumiller, campeona de ajedrez o física;
- ¿Qué quiero hacer? Por ejemplo, llevar atención médica a niños desfavorecidos, reformar la ley de financiamiento de campañas, establecer bancos de microfinanzas en países en vías de desarrollo;
- ¿Qué quiero lograr? Por ejemplo, ser financieramente independiente a los 40, abrir una biblioteca en el vecindario, convertirme en un políglota;
- ¿Qué quiero experimentar? Por ejemplo, viajar, ir a la ópera, hacer una peregrinación a la India;
- ¿Qué significado y propósito va a tener mi vida? Por ejemplo, enseñar, emplear personas, proteger el medio ambiente, hacer grandes películas; y
- ¿Qué impacto tendrá en mis seres queridos, mi comunidad y mi mundo? por ejemplo, un fondo familiar para garantizar la independencia de las generaciones futuras, un fondo de becas para niños desfavorecidos, un

parque de la ciudad, una organización benéfica perpetuamente financiada por derechos de autor y derechos de licencias de las propiedades intelectuales que adquiero y poseo.

Es de vital importancia que, si es posible, hagas el trabajo en la vida que realmente te apasiona, lo que sientes que es tu misión en esta tierra. Si eso no es posible en este momento, haz el trabajo que tienes que hacer, lo mejor que puedas, a medida que vas en dirección hacia el trabajo que realmente te gusta hacer.

Tu Kit de Herramientas

Hay un amplio universo de información sobre los temas de encontrar un sentido, un rumbo, y desarrollar herramientas para tener éxito. Los psicólogos han escrito libros y desarrollado ejercicios y pruebas paso a paso para ayudarte a determinar en qué eres buena y en qué estás interesada. Busca asesores profesionales en la escuela o en el sector privado que puedan ayudarte a determinar la mejor carrera o profesión. Aprovecha al máximo estos recursos si no estás segura de la dirección que deseas tomar.

Busca información en Internet, pero sé selectiva. Los oradores motivacionales y los filósofos de sillón (puedes incluirme en la última categoría) abarrotan las estanterías de tus librerías locales, así como tus resultados de búsqueda de Amazon y YouTube con libros, estrategias, seminarios y las Diez Cosas Más Importantes que Debes Hacer para que Puedas... (lo que sea). Es de vital importancia que investigues sobre esto y aprendas sobre el establecimiento de objetivos, la visualización, la meditación, los paneles de visión y cualquier herramienta práctica que pueda ayudarte a encontrar tu rumbo y sobresalir.

Recuerda: estas técnicas, estrategias y filosofías son herramientas; no son fines en sí mismos. Las tomas y las usas, como un abrelatas o un martillo, para convertirte en la persona que quieres ser y llegar a las cosas que quieres en la vida. Estas implican escuchar, mirar o leer sobre conceptos. Estos conceptos pueden ayudarte a identificar cosas en tu vida personal que puedes cambiar para obtener mejores resultados en la vida.

Las herramientas que son realmente válidas siempre implican trabajo y no deberían costar mucho dinero implementarlas. Los libros y los videos en internet pueden ser muy útiles, y generalmente no te cuestan más que una pizza o unos pocos minutos de tu tiempo. Hay recursos adicionales disponibles en los sitios web de muchas universidades donde encontrarás cursos gratuitos sobre todas las materias al alcance de la mano.

Esfuerzo

Una vez que hayas identificado las herramientas y los recursos disponibles para ayudarte a ir en la dirección que deseas, la siguiente parte de la ecuación es el esfuerzo. El esfuerzo se define como la acción o el trabajo que realizas de manera enfocada y disciplinada para lograr un determinado resultado. Una vez que decides tu rumbo, haces un esfuerzo en esa dirección. Haces este esfuerzo de manera consistente, incluso si eso significa modificar el comportamiento actual (como dormir hasta tarde). Modificar el comportamiento a lo largo del tiempo es la forma de hacer que sucedan cambios permanentes. El esfuerzo es un *músculo*. Lleva tiempo *reforzarlo*. Debes trabajar para mantenerlo. Haz el trabajo. Observa los resultados. Recuerda: la idea de lograr el «éxito de la noche a la mañana» es un mito.

La frase clave en el párrafo anterior es "con el tiempo". Esto significa, con mayor frecuencia, que *creas nuevos* hábitos y/o *cambias los viejos hábitos* para mejorar tu vida. Esta es la verdad deslucida acerca de ser una mejor persona y experimentar una mejor calidad de vida.

Como ejemplo, te ofrezco este desafío: cuando te despiertes y te levantes de la cama cada mañana, siéntate con las piernas cruzadas en el suelo, cierra los ojos y permanece quieta y en silencio durante diez minutos. Puedes meditar, o puedes vegetar, no importa. Lo importante es que te des diez minutos para estar atenta. Haz esto de forma simple todas las mañanas durante 30 días sin interrupción, durante los fines de semana, días festivos o días que simplemente no tienes ganas.

Al aceptar este desafío, te darás cuenta de lo difícil que puede ser formar un hábito que te cambie la vida, incluso si es tan simple como estar sentada en el suelo y permanecer en silencio y quieta durante diez minutos. Formar un nuevo hábito generalmente requiere 30 días consecutivos de comportamiento repetido. Si puedes dominarse a ti misma, y hacer lo que debe hacerse, cuando sea necesario, te guste o no, puedes lograr casi cualquier cosa.

Es mejor comenzar poco a poco, con algo simple y tangible como el tiempo de silencio, y establecer una meta por 30 días. Haz una cosa a la vez, hasta que esa cosa se convierta en un hábito. Luego pasa a la siguiente cosa que deseas cambiar, el siguiente hábito que deseas formar.

Emoción

El peligro común que encuentran la mayoría de las personas cuando deciden cambiar su vida es que se emocionan demasiado con un programa de superación personal. Establecen objetivos poco realistas, como perder un kilo al día durante 30 días. Luego aparecen obstáculos, contratiempos o resultados mediocres. Desanimados y frustrados, abandonan rápidamente su objetivo, vuelven a los patrones de comportamiento anteriores y viven la misma vida.

A menudo esto sucede porque las personas no son honestas consigo mismas acerca de sus propias capacidades. El otro problema puede ser que son vulnerables a las promesas demasiado buenas para ser verdad hechas en los anuncios y videos de YouTube, es decir, "Serás el próximo millonario de bienes raíces sin gastar nada". No todos están destinados a ser millonarios de bienes raíces sin invertir nada, un multimillonario de Internet, un autor más vendido o un ícono del pop. Hay industrias enteras que prosperan en Estados Unidos aprovechándose de las ilusiones de las personas sobre sí mismas y sus habilidades (no me involucres en estas cosas).

Las emociones son una parte clave de la vida, pero para mejorar, necesitamos aprovechar nuevos hábitos para esas emociones y seguir adelante con un propósito. Esto requiere resolución, que es una emoción, pero no es lo mismo que "emoción". Resolver es una emoción con un propósito y un plan adjunto.

Como ejemplo, veamos a una mujer con sobrepeso. Ha probado diferentes dietas y ha seguido diferentes programas de ejercicios, pero parece que no puede disciplinarse constantemente para que funcionen y pueda ver los resultados. Finalmente, ella tiene una conversación sincera con una amiga. Ella admite sus fracasos y comparte su frustración con su amiga cercana. Su amiga es comprensiva, pero siente el problema subyacente.

"Si sigues por el camino que vas, tendrás serios problemas de salud", dice su amiga sin rodeos. "Lo sé", admite la mujer. "Enfermedades cardíacas, diabetes... ¿Y tus hijos? ¿Qué les va a pasar si no estás lo suficientemente saludable como para cuidarlos? ¿Llevarlos a partidos de fútbol y conciertos? ¿Qué pasa si ni siquiera estás cerca para verlos crecer?"

Esa pregunta resuena con la mujer. Es un problema emocional lo suficientemente profundo e importante como para crear resolución. La mujer se da cuenta de lo importante que es su salud, no solo para ella, sino para su familia. Ella decide trabajar de manera constante y gradual para hacer ejercicio regularmente y comer mejor. Ella establece objetivos para perder peso. Comparte estos objetivos con su esposo e hijos, por lo que, cuando la ven tomando buenas decisiones sobre alimentos y actividades, la apoyan y la animan. Recopila información a fondo, reúne y organiza sus herramientas, y realiza el esfuerzo máximo y constante. Esta combinación garantiza resultados óptimos.

~ SECRETO DE RICOS DE CUNA ~

La vida se vive más plenamente teniendo un rumbo, un propósito.

Este propósito está más allá del disfrute sedentario del ocio y la simple adquisición de riqueza. El rumbo debe tener un significado y un valor duradero. Cada persona debe decidir por sí misma qué rumbo tomará su vida.

* * * * *

Aspectos a Recordar

Deseas *tener* un rumbo y también *definirlo en detalle*. Crea metas y sueños vívidos y tridimensionales sobre lo que quieres ser y hacer. Mírate a ti misma de manera honesta, pero no limitada. Para ayudarte a definir tu rumbo, volvamos a preguntar:

- ¿Qué es lo que realmente disfruto hacer?
- ¿En qué soy naturalmente buena?
- Con mi conjunto de habilidades, intereses y personalidad, ¿dónde encajo?
- ¿Qué credenciales o experiencia necesito obtener para estar calificada para hacer lo que realmente me gusta?
- ¿Estoy dispuesto a trabajar para obtener esas credenciales o experiencia, de manera intensa y consistente?
- Si no, ¿por qué no?
- ¿A qué industria, campo o profesión me inclino naturalmente?
- ¿Siento que las personas que trabajan en esa industria son «espíritus afines»?

- ¿Qué tipo de plan puedo elaborar, con acciones paso a paso, objetivos tangibles y plazos razonables, para avanzar en el rumbo de hacer lo que quiero hacer?
- ¿Qué recursos tengo disponibles para ayudarme a llegar allí?

Recuerda: puedes imaginarte a ti misma, enseñando un aula llena de estudiantes, trabajando en un parque nacional o investigando en un laboratorio. Cuando tengas una imagen en tu mente y te sientas emocionada, toma nota mental de eso: puedes haber descubierto tu rumbo.

La Ejemplar - Edith Wharton

Nacida para el privilegio, Edith Wharton también nació para escribir, y eso fue lo que hizo. Publicó su primer poema a la edad de 15 años, fue autora de más de 85 cuentos y 15 novelas y, en 1921, fue la primera mujer en ganar un Premio Pulitzer de Literatura.

Una niña de la Guerra Civil, tenía tres años cuando los Estados Confederados se rindieron. Después de la guerra, su familia viajó mucho por Europa, lo que le permitió hablar con fluidez francés, alemán e italiano. Rechazó los estándares de la moda y etiqueta que se esperaban de las chicas jóvenes en ese momento, considerando que estas modas eran superficiales y opresivas. La Sra. Wharton también quería más educación de la que recibió, por lo que leyó con voracidad de la biblioteca de su padre y tomó prestada, a veces sin permiso, de las bibliotecas de los amigos de su padre.

De vacaciones en París, cuando estalló la Primera Guerra Mundial, la Sra. Wharton no huyó a un lugar seguro como la mayoría de los demás. Se quedó y ofreció asistencia a mujeres francesas desempleadas y refugiadas, realizó actividades de recaudación de fondos para el esfuerzo de guerra y abrió hospitales para la tuberculosis. Fue nombrada Caballero de la Legión de Honor por el presidente francés por sus esfuerzos. No fue porque ella jugó a lo seguro. Si te apasiona escribir, lee sobre la vida de Edith Wharton.

"Hay dos maneras de difundir la luz… Ser la lámpara que la emite o el espejo que la refleja".

—Edith Wharton

"Sé independiente de la buena opinión de otras personas".

—Abraham H. Maslow

1 Junio, 2017 - Reliegos, España

CAPÍTULO 5

Bajo la Influencia

Otra pregunta que debes hacerte con respecto a tu rumbo es esta: "¿Quién toma la decisión sobre en qué dirección voy?" Respuesta: "Yo". Tú eres la capitana de tu barco. "*Yo tomo mis propias decisiones*". Si eres una mujer adulta soltera, este es tu mantra. Todavía puedes depender de tus padres hasta cierto punto. Puedes tener una relación con otra persona, participar y compartir el proceso de toma de decisiones.

Sin embargo, la verdad del asunto es que, a menos que seas una invitada de las autoridades estatales o federales (que estés en la cárcel), puedes y debes tomar tus propias decisiones sobre las cosas importantes en tu vida. El peligro es que puedes pensar que ya lo haces, y esto puede no ser toda la verdad.

Hay tres *influencias* principales en las que puedes estar y que pueden afectar negativamente tu capacidad para tomar buenas decisiones y elegir tu propio camino en la vida. Son:

- medios de comunicación en masa;
- amigos; y
- familia.

Analizaremos cada uno de estos puntos detalladamente en un intento de administrar y reducir su impacto en tu vida.

La Influencia de los Medios

Hablemos primero de los medios de comunicación. Si miras cuatro o cinco horas de televisión al día, probablemente no estés tomando tus propias decisiones sobre qué comida comes, los productos de belleza que usas o la ropa que llevas. Estás viendo anuncios y programas de televisión que te *influyen* en gran medida y comienzan a tomar decisiones por ti.

Las empresas gastan miles de millones de dólares en publicidad por una razón: funciona. Da forma al proceso de toma de decisiones de las personas, haciéndoles comprar cosas que realmente no necesitan e incluso cosas que no son realmente buenas para ellos. También contribuye a una gran transferencia de riqueza de los consumidores a las corporaciones, en beneficio de estos últimos a expensas de los primeros. Se necesita una gran cantidad de investigación, deliberación y esfuerzo para separarlo del dinero que tanto te costó ganar. A menudo, los minoristas te persuaden a comprar cosas que no son necesarias.

Por ejemplo, no necesitas un coche de $50,000. Sin embargo, cuando observas una y otra vez anuncios de coches inteligentes y elegantes llenos de actores felices conduciendo por la costa de California, con el techo corredizo abierto, la música sonando, riendo todo el tiempo... lentamente comienzas a creer que necesitas un coche de $50,000.

No necesitas un pintalabios de $45.00. Luego, ves a esa hermosa modelo en el anuncio de la revista o en la valla publicitaria con el mismo lápiz labial y se ve sensual, sexy, delgada y segura. Quieres ser sensual, sexy, flaca y segura. No crees que el anuncio tenga ningún efecto en ti, pero luego, a pesar de no poder pagarlo, te encuentras caminando por el mostrador de cosméticos en los grandes almacenes. Lo ves, ¡oh, Dios mío! ¡El lápiz labial de $45! Luego, te encuentras comprando el pintalabios de $45.00. O, peor aún, tienes un cajón lleno de barras labiales sin usar de $45.00 en todos los colores habidos y por haber. *Oh, vamos chicas.*

Advertencia: Este es el poder de los medios de comunicación. No necesitas todas estas cosas, pero la publicidad te hace pensar que sí. Revelación: el tiempo y el dinero que gastas buscando y comprando productos de consumo frívolos se gasta mejor en comprar tu libertad a través de la educación, el ejercicio y la superación personal. Conoce su juego. Mantente en tu juego.

Muchas personas tienen sobrepeso, están gravemente enfermas o endeudadas debido a esta poderosa influencia indebida que afecta negativamente sus vidas. El hecho de que las personas gasten miles de millones de dólares al año en refrescos que contribuyen a una variedad de enfermedades es solo un ejemplo obvio. Más específicamente, ¿alguna vez has notado que cierto producto no es bueno para ti y que realmente no lo necesitas? Sin embargo, ¿no puedes resistir el impulso de comprarlo? (Un pintalabios más... ese refresco... o esos zapatos). *No es bueno para ti, no lo necesitas, pero igualmente lo compras.* Esta secuencia ilógica de eventos es sintomática de alguien a quien la publicidad le ha lavado el cerebro sutilmente.

La publicidad no es el único culpable. Internet es un terreno fértil para que las corporaciones y los gobiernos se metan en tu cabeza y den forma a tus opiniones. Su engendro maligno, las redes sociales, pueden deformar su perspectiva, corromper tus prioridades y exponerte a una influencia indebida de fuentes a menudo anónimas con agendas ocultas.

Para despejar tu mente de influencia indebida, puede ser útil reducir tu exposición a los medios de comunicación, es decir, la televisión, la radio e Internet. Obviamente, Internet es una gran fuente de información y una gran plataforma para la comunicación. Úsalo con sabiduría.

Un Paso Atrás

Hay pasos que puedes seguir para minimizar la influencia de Internet y las redes sociales en tu vida. Limita tu Exposición Diaria a Internet (DIE) a una hora al día fuera del trabajo. Cambia tus interacciones sociales de digital a tiempo real: una taza de café con un amigo en lugar de un mensaje de texto; una cena con amigos del mundo real en lugar de una publicación para amigos de Facebook; da un paseo por el parque en lugar de mirar videos interminables de YouTube.

Retírate de la influencia de los medios como un primer paso para tomar decisiones por ti misma. Evita las compras de "sentirte bien", las compras de "impulso" y las compras de "poder", es decir, compras realizadas que te dan una sensación de poder o control. El hecho de que puedas comprar algo no significa que tengas poder. Simplemente significa que has elegido gastar dinero.

El cupón BOGO (compra uno y llévate otro gratis) es una estrategia de marketing efectiva. Sé consciente de ello y evítalo. Evita las compras "por si acaso" también. La compra "por si acaso" suele ser una razón para gastar dinero en algo que puede o no usarse para un evento o situación que puede ocurrir o no en un futuro cercano o lejano. No te engañes: estás desperdiciando dinero. Compra las cosas cuando las necesites. Pregúntate si eres culpable de alguno de los siguientes puntos:

- usas ropa y maquillaje según los medios te dicen que compres, pareciéndote mucho a los demás y tal vez gastando más dinero del que deberías;
- llevas el bolso que has visto anunciado en revistas de moda porque te proporciona una sensación de estatus, incluso si estás trabajando por un salario mínimo;

- conduces un coche que has visto anunciado en la tele, porque en televisión *todos se divierten muchísimo conduciendo ese coche. ¡Y es tan bonito! ¡Oh, Dios mío!*

Nuevamente, la influencia de los medios puede ser costosa. ¿Cuántas personas conoces que tienen cajones llenos de cosméticos y productos de belleza que nunca usan? ¿O equipos de gimnasio que no hacen más que oxidarse en el garaje o están abandonados en la habitación de invitados? ¿O pagan suscripciones mensuales de un montón de cosas que no utilizan?

Estos ejemplos son el resultado de gastos excesivos de los consumidores. A continuación, se presentan algunos síntomas que los consumidores exhiben cuando la publicidad ha influido en ellos de manera indebida. ¿Cuál de las siguientes afirmaciones es cierta para ti?

- Compro cosas que no necesito;
- No entiendo por qué hago estas compras;
- Tengo dificultades para no comprar cosas;
- Camino sin rumbo por los centros comerciales, buscando cosas para comprar;
- Tengo una sensación de logro personal o euforia cuando hago una compra;
- No utilizo las cosas que compro;
- Estoy endeudado o en quiebra debido a mis gastos.

Déjame compartir un poco de la sabiduría de una amiga mía. Es una señorita bien educada, rica y encantadora que vive en la ciudad de Nueva York. Ella tiene una carrera satisfactoria y un círculo de grandes amigos. Ella se viste con elegancia, estilo y sencillez.

Nos conocimos en el vestíbulo de un hotel una época de Navidad. Le pregunté si había estado de compras. Ella sacudió la cabeza con desdén y agregó que compra unos cuatro días al año. El resto de su tiempo lo dedica a trabajar, viajar, socializar, ser mentora y leer. Se llevó la taza de té a los labios y luego me susurró: *"Cuanto más abarrotado está el armario, más vacía está la vida"*.

Nota: mantén tu vida despejada. Protege tu mente y tu tiempo de silencio, día tras día, para que puedas determinar el mejor camino para ti, a largo y corto plazo. Sé consciente de lo que lees. Cuida de quién y qué escuchas en la televisión y en Internet. Asegúrate de tomar realmente tus propias decisiones y de ir en tu propia dirección, sin influencia indebida. Y, como dijo un gran poeta indio, sospecha de lo que quieres.

¿Por qué es este tema de influencia negativa de los medios tan vitalmente importante? Debido a que cada dólar que gastas en cosas es un dólar que no estás invirtiendo en ti. Céntrate e invierte en actividades intelectuales o educativas. Evita distraer las actividades del consumidor. Tu dinero sigue su enfoque: establece tus prioridades tú mismo. Ve por tu propio camino.

La Influencia de los Amigos

Para asegurarte de que tú eres quien controla principalmente la dirección que está tomando tu vida, a menudo es necesario hacer un inventario objetivo de tus amigos. Tus amigos te conocen íntimamente. Han estado cerca de ti durante mucho tiempo, por lo que son importantes para ti. Pueden ser una gran fuente de aliento y apoyo mientras persigues tus objetivos y compartes experiencias de la vida. Pueden ser una fuente de gran comodidad y apoyo para ti en tiempos difíciles, y tú puedes hacer lo mismo por ellos.

Del mismo modo, a veces pueden persuadirte para que hagas cosas nada brillantes que de otro modo nunca harías. La presión de grupo es algo muy real, y a veces no es algo bueno. Tienes tanto en común que puedes pensar que las elecciones que tienen sentido para ellos también tienen sentido para ti. Esto puede no ser siempre así.

Es un hecho comprobado que te convertirás en tus amigos. No pienses que eres diferente en este sentido. Adoptarás muchas de sus actitudes y hábitos con el tiempo. Si tus aspiraciones difieren notablemente de las suyas, es probable que tus amistades se desvanezcan.

Estudiarás más o menos dependiendo de tus amigos. Tendrás problemas o entrarás a la escuela de posgrado dependiendo de tus amigos. Ahorrarás o perderás dinero dependiendo de tus amigos. Y cuando tengas éxito, tendrás que cuidar tu espalda o disfrutar de una palmadita en la espalda, dependiendo de tus amigos.

Puedes tomar una cerveza o una taza de café de vez en cuando con los amigos que han tomado un camino diferente al tuyo, pero no podrás pasar un tiempo de calidad y realmente compartir cosas importantes con ellos. Si estás ahorrando y planeas comenzar un nuevo negocio y están haciendo estragos en el pub local todas las noches, no esperes mucha camaradería, apoyo o comprensión. No tienen las mismas prioridades que tú. Es posible que ya no vayan en la misma dirección o que ya no compartan tus valores.

Las cosas clave que debes preguntarte ahora sobre sus amigos, colectiva e individualmente, incluyen lo siguiente:

- ¿Puedo confiar en ellos?
- ¿Pueden confiar ellos en mí?
- ¿Me animan a hacer lo correcto?
- ¿Me siento mejor después de pasar tiempo con ellos?
- ¿Tienen metas constructivas para sus propias vidas?
- ¿Envían una tarjeta en mi cumpleaños? ¿Hago eso por ellos?
- ¿Me dicen si me he comportado de manera inapropiada?
- ¿Se esfuerzan sinceramente por mantenerse en contacto durante todo el año?
- Incluso si nuestras ambiciones difieren, ¿todos apoyan a los demás?
- ¿Me piden dinero o esperan que pague todo el tiempo cuando salimos juntos?
- ¿Me avisan si creen que puedo estar en peligro o que estoy tomando una decisión realmente grande y mala?
- ¿Están ahí para mí, es decir, aparecen y ofrecen apoyo emocional, cuando algo bueno o malo me sucede?

Una regla para ti y para tus amigos: si no es agradable, no lo hagas. Si no es cierto, no lo digas.

Abraza y nutre las amistades que son edificantes. Modera el tiempo y la energía que pasas con aquellos que constantemente se quejan y cotillean. Retírate de las personas tóxicas que buscan sabotear tus esfuerzos para ser feliz y salir adelante.

"Mejora tu juego" para ser una buena amiga de tus seres queridos. Haz un esfuerzo extra para mantenerte en contacto. Recuerda los cumpleaños. Compra y regala a tiempo. Envía cartas. Toma la iniciativa y coordina eventos para que tus amigos se reúnan sin otra razón que la de verse.

Recuerda: para trazar tu propio curso en la vida, tendrás que determinar si tus amigos te apoyan o te detienen, intencionalmente o no. Esta es tu vida. Valóralo. Los amigos valen su peso en oro. Aprécialos.

La Influencia de la Familia

La influencia direccional más profunda y difícil de reconocer es a menudo la influencia de tu familia. Debido a que has pasado, muchas veces, toda tu juventud a su alrededor, su influencia puede ser demasiado grande, demasiado abrumadora, demasiado invasiva. Es posible que esta influencia no tenga en cuenta que tú eres una persona única, con sus propios objetivos educativos y profesionales. Esta influencia que lo abarca todo puede afectar tu capacidad de elegir objetivamente tu dirección en la vida. Tu familia inmediata, padres y hermanos, son generalmente los más influyentes.

Los abuelos, a menos que se hayan convertido en tus "padres" y te criaran, tías, tíos y primos tienen menos influencia la mayor parte del tiempo.

El primer hecho que puede contribuir a su influencia menos que saludable es que ingresaste a tu familia cuando eras un bebé. Probablemente hayas pasado tus años de infancia al cuidado de tu familia. Lo más probable es que todavía te vean como una niña, incluso si tienes 35 años con una carrera e hijos propios.

La segunda parte del problema es que te aman, piensan que te conocen bien y creen que saben lo que es mejor para ti. Es difícil para tu familia, especialmente los miembros de tu familia inmediata, no proyectar sus propios miedos, limitaciones, esperanzas y sueños en tu vida. No los culpes: son humanos. El desafío con la familia es que es una mezcla emocional: tienes sentimientos positivos y sentimientos negativos por las mismas personas, a menudo hasta el extremo en ambos casos.

Para ser justos, es importante reconocer la influencia positiva que tu familia probablemente haya tenido en ti. Si es una influencia positiva, deseas confirmarlo, agradecerlo y utilizarlo para alimentar tus esfuerzos. En la mayoría de las familias, existe una gran cantidad de conocimiento, experiencia, apoyo y experiencia. Si es posible, aprovéchalo. Escucha a los miembros de tu familia. Aprende de ellos. Revisa sus historias y consejos para encontrar perlas de sabiduría que pueden ser de valor para ti.

Gran parte de lo que has aprendido y la mayor parte de la influencia que tu familia tiene sobre ti puede ser constructivo. Si tienes suerte, te dijeron que eres especial, que eres inteligente, que tienes potencial. Apoyaron tus esfuerzos para ser una buena estudiante, para ser una buena persona. Te enseñaron a no mentir, engañar o robar. Te regañaron cuando intentaste matar a tu hermano pequeño, incluso si él lo merecía. Respetaban tus opiniones y elecciones incluso cuando no estaban de acuerdo con ellas.

Un buen ejercicio es hacer una lista de lo que tus padres y familiares han hecho por ti que aprecias. Puede ser tan simple como alimentarte y vestirte desde el nacimiento hasta los 18 años. Puede ser tan amplio como brindarte una educación universitaria y los recursos para viajar por el mundo. Lo más probable es que lo fundamental sea que tus padres te amaron, te criaron y quieren lo mejor para ti, a pesar de tus defectos. Escribe la lista y la próxima vez que los visites, léesela y expresa tu gratitud por lo que hicieron como padres. Haz esto en persona. No critiques nada. No califiques nada. Solo expresa tu agradecimiento.

Si tu familia ha tenido un impacto positivo y constructivo general en tu vida, debes honrar eso. Saca el tiempo y haz el esfuerzo por verlos. Pasa tiempo de calidad con ellos. Estaban allí para ti. Estate ahí para ellos.

Recuerda: si encuentras algo en la vida que es positivo, deseas confirmarlo, agradecerlo y utilizarlo para alimentar tus esfuerzos. Si es negativo, deseas articularlo, aislarlo y distanciarlo de tu definición de quién eres tú.

Hablando de lo negativo... tus padres pueden haber dicho y hecho cosas que pueden no haber sido útiles, e incluso hirientes y perjudiciales. Es posible que hayan dicho o implicado que no eres tan inteligente, que tus habilidades son limitadas, que no eres una persona que alguien más pueda amar. Es posible que hayan saboteado tus esfuerzos para progresar al amenazar con retirar su amor si sigues adelante, o te han culpado por querer más o ser diferente. También pueden desaprobar tus decisiones, ya que no son las decisiones que ellos habrían tomado. No sientas que estás sola aquí.

Divide estos recuerdos y sentimientos en elementos más pequeños y manejables. Primero, mira las intenciones de tus padres hacia ti cuando eras niña, y luego mira sus intenciones hacia ti como adulta. ¿Han evolucionado estas intenciones a medida que te has convertido en adulta? ¿O todavía te tratan como a una niña? Cualesquiera que sean tus respuestas a estas dos preguntas, simplemente repítete a ti misma: "Tomo mis propias decisiones".

Reconoce que una influencia dolorosa y negativa de un miembro de la familia no siempre es una declaración verbal hecha abiertamente. Puede ser un comportamiento sutil y manipulador, que es peor porque no puedes identificarlo y abordarlo tan fácilmente. Este tipo de influencia y comportamiento puede colorear tu autoimagen y afectar negativamente tu autoestima. Puede obstaculizar el crecimiento personal y generar resentimiento.

Si sientes que tu familia tiene un impacto negativo general en su vida, hay tres cosas que puedes hacer: *gana tu propio dinero, vive tu propia vida y vívela a distancia*. Si no puedes mudarte a una ciudad diferente, establece tus propios límites. Si no puedes mantenerte, consigue un segundo trabajo. Estate atenta a la información que compartes y con quién la compartes. Estate atenta a estar demasiado disponible para familiares necesitados. Modera tus respuestas al comportamiento de tu familia. Mantén tu integridad. No seas autodestructiva o contraria solo para hacer un reproche.

Comprende que a veces tu familia se está entrometiendo en tus asuntos, y otras veces están expresando una preocupación genuina. Intenta reconocer la diferencia. Haz esto considerando la fuente y la intención. Pregúntate: ¿es una preocupación típica para una madre o un padre? Luego pregúntate: ¿qué están tratando de lograr con este comportamiento? ¿Es para controlarme? ¿Mantenerme a salvo? ¿Ayudarme a la larga? ¿Retenerme?

Si te encuentras en un peligro físico eminente, víctima de violencia doméstica, adicta al alcohol o las drogas, o arriesgando la salud y la seguridad de tus propios hijos, entonces tus padres tienen derecho a entrar en tus asuntos personales y, con la ayuda de profesionales calificados, intervenir. De lo contrario, te dejarán en paz.

Mantente en contacto regularmente, pero no con frecuencia. Comparte información de forma selectiva. "Deja que lo lean en los periódicos", así lo expresó la Mujer Rica de Cuna cuando se le preguntó si iba a decirles a sus padres que había vendido su compañía. Supongo que tenían algunos problemas, pero definitivamente había llegado a un acuerdo con respecto a quién necesitaba aprobación o reconocimiento, y no era mamá y papá.

Ricos de Cuna, Pensamiento Independiente

"¿Soy rico? Sí. Puedo darme el lujo de pensar por mí mismo".

—an OMG

Ser muy introspectiva es una característica marcada de una Mujer Rica de Cuna. A muchos simplemente no les importa lo que tú, yo o cualquier otra persona piense. *Por supuesto, dices, ella es rica de manera independiente y no tiene que preocuparse por conseguir o mantener un trabajo. Ella puede darse el lujo de ser ajena a las opiniones de los demás. Puede conducir un automóvil viejo, vestirse como una anciana y decir lo que quiera.*

Humildemente, te sugiero que retrocedas en el aspecto financiero de la posición de la Mujer Rica de Cuna y consideres otros factores.

- Primero, probablemente te criaste en una familia desprovista de símbolos de estado cliché, es decir, cosas que se compran y se muestran para impresionar a otras personas. La vida, como ella lo aprendió, no se trataba de impresionar a otras personas;

- En segundo lugar, ella recibió educación en la escuela y en el hogar sobre cómo comportarse, independientemente de cómo se comporten los demás. Es decir, cortésmente, con integridad, pero también con honestidad a veces brutal. Por lo tanto, se inculcó cierta objetividad y autonomía a una edad temprana;

- Tercero, se la alentó a elegir una profesión y crear una vida que se adaptara a *ella*, no a las expectativas de los demás. (A veces, sin embargo, una empresa familiar impone un límite en las opciones que tienen algunos descendientes, el deber es algo real).

Desde esta perspectiva, la independencia financiera es solo un pequeño factor cuando se trata de que la Mujer Rica de Cuna elija, forme y cree una vida. Lo más probable es que ella lo viva, con o sin dinero, porque los elementos de esto (hacer lo que amas para vivir, casarte con quien quieras y seguir tu propio camino) no dependen realmente del dinero.

Aspectos a Recordar

Todos quieren ganar más dinero; solo unos pocos están dispuestos a hacer más de sí mismos primero.

A menudo es útil tener un modelo a seguir. Encuentra a alguien que esté haciendo el trabajo que deseas hacer. Usa Internet con prudencia: descubre cómo llegaron a donde están. ¿Cómo empezaron? ¿Puedes seguir su camino? ¿Puedes modelar su comportamiento? ¿Los recursos que usaron están disponibles para ti?

Dedica algo de tiempo cada semana para disfrutar de un pasatiempo o pasión que te satisfaga completamente por sí solo, independientemente de tus objetivos futuros. Esto le dará alegría a tu vida a medida que avanzas y agregas un poco de relleno al camino a veces accidentado de encontrar tu dirección y mejorar en general.

Al considerar las opciones profesionales, sé honesta sobre la carrera que dices que quieres, el trabajo que realmente estás dispuesta a hacer y los sacrificios que realmente estás dispuesta a hacer. Sé tan honesta sobre las relaciones que dices que quieres y el esfuerzo que estás dispuesta a comprometer para que brillen.

Escucha a otras personas, especialmente (y solo) a las personas que te conocen bien y te desean lo mejor. Revisa tus inclinaciones naturales y tus sueños infantiles. Pregúntate: si el dinero no fuera una preocupación, si lo que otras personas pensaran no fuera una preocupación, ¿qué te gustaría ser y hacer?

En el periodismo, se aconseja a los periodistas que obtengan el "quién, qué, dónde, cuándo" (y tal vez cómo) de algo para escribir una historia al respecto. Si la historia es "Tu Vida", echemos un vistazo a estos puntos y aplícalos, incluso si no están en ese orden exacto:

- ¿Hacia *dónde* vas? Si marcas la dirección en la que deseas ir, entonces es bastante simple obtener una lista de las cosas que se requerirán para ir en esa dirección y lograr ese objetivo, ya sea un objetivo profesional o financiero, o personal espiritual.

- ¿*Cuáles* son tus prioridades? Una vez que tú, y solamente tú, hayas decidido tu rumbo, tus prioridades se ajustarán. Deben coincidir con tu dirección u objetivo. Por ejemplo, si tu objetivo es ser médico, tu prioridad será estudiar, no ir de fiesta. Sé firme en tus prioridades.

- *¿Cómo* puedes llegar a donde quieres llegar o convertirte en lo que quieres ser? Cuando hay voluntad hay un camino. Haz tus planes. Traza tu rumbo. Sé flexible en cómo llegas allí.

- *¿Quién* puede ayudarte a llegar hasta ahí? Una vez que hayas trazado tu plan, hecho tu investigación y comenzado el trabajo, busca maestros, mentores, socios o empleadores que te ayuden a lograr tus objetivos, refinar tus habilidades o maximizar tus resultados.

- *¿Cuándo* estás tomando medidas? Habrá ciertas elecciones que hacer y ciertas "cosas que hacer" en ciertos momentos. Puedes revisar tus postes de la carpa para obtener orientación sobre esto.

Estás constantemente tomando decisiones, grandes y pequeñas, te des cuenta o no, sobre la dirección que está tomando tu vida. Toma conciencia de esto. Hazte buena en eso. Primero, dite a ti misma: "Tomo decisiones para mí y para mi vida". Luego pregúntate: "¿Cuáles son mis opciones?". Haz tu mejor esfuerzo para identificar tus propias opciones. Pueden ser desagradables, pero está bien. Luego, pregunta a otros que crees que, por experiencia, educación o intelecto, están calificados para proporcionar la información que buscas.

Haz preguntas. Toma nota. No interrumpas Las personas inteligentes también te harán preguntas para obtener una idea más clara de dónde estás y hacia dónde quieres ir. Las personas inteligentes te darán opciones para considerar. Deberían sonar las alarmas si alguien te dice que no tienes ninguna opción. Busca información primero, luego opiniones. Todos tienen una opinión. No todos tienen información relevante.

Si vives en Lubbock, Texas, y tienes una oferta de trabajo de una gran corporación en la ciudad de Nueva York, ¿a quién vas a pedir información y consejos sobre esta decisión? ¿A alguien que ha vivido en Lubbock toda su vida y nunca ha trabajado para una gran empresa? ¿O a alguien que haya trabajado para una importante corporación en la ciudad de Nueva York? No estoy criticando a Lubbock, por supuesto. Te animo a buscar la mejor información disponible y relevante para ti, es decir, información verificable, basada en evidencia y experiencia. Considera los sentimientos de alguien sobre un tema en el que tenga experiencia. Advertencia: si diez personas han tenido la misma experiencia con algo y sienten lo mismo acerca de su experiencia, escucha con atención y hazles más preguntas.

¿A quién escuchas? ¿Estas personas están donde quieren estar? ¿Tienen una agenda, individual o colectiva, que sombree sus opiniones? Pregúntate: ¿me conocen? ¿Quieren lo mejor para mí? ¿Tienen influencia sobre mí? (Si eres consciente de esto y lo reconoces, puedes moderarlo). Tu intuición a veces juega un papel en la toma de una buena decisión, pero la información te servirá de manera consistente.

Encontrar tu rumbo e ir en esa dirección con un mínimo de interferencia externa es un trabajo constante. Se deben hacer preguntas difíciles, reconocer verdades incómodas o desagradables sobre ti o tus opciones, y desconectar la influencia indebida. Es algo que hay que hacer si vas a vivir la vida en tus propios términos y vivirla plenamente. Recuérdalo. Haz el trabajo. Disfruta de las recompensas de abrazar tu propia dirección. Recuerda: sé ferozmente independiente de la buena opinión de los demás.

Las Ejemplares - Jane Goodall y Dolores Huerta

¡Bonificación! ¡Dos Ejemplares! Considera la vida de la científica, la Dra. Jane Goodall y la activista Dolores Huerta.

Primero, Dra. Goodall. A los 26 años, la pasión de la Dra. Goodall por los primates la obligó a dejar una vida cómoda como Rica de Cuna en Gran Bretaña y mudarse a la jungla africana, donde vivió en condiciones primitivas durante años para estudiar a los chimpancés. Su descubrimiento de que los chimpancés fabrican y usan herramientas se considera una de las revelaciones más importantes del siglo XX. En 1977, estableció el Instituto Jane Goodall, que aboga por la conservación de los recursos naturales y los espacios abiertos.

En 2002, fue nombrada Mensajera de la Paz de las Naciones Unidas. Considerada como la principal experta mundial en chimpancés, la Dra. Goodall es mejor conocida por su estudio de más de 55 años sobre las interacciones sociales y familiares de los chimpancés salvajes en el Parque Nacional Gombe Stream, Tanzania, que inició en 1960.

Gracias a su defensa, menos animales son maltratados en laboratorios y más disfrutan de una vida segura en la naturaleza. Gracias a su investigación, nosotros, como humanos, vemos cuánto más tenemos en común no solamente con los chimpancés, sino con todos los animales. Con suerte, su trabajo nos inspirará a cada uno de nosotros a ser mejores personas.

Si amas a los animales y crees que puedes trabajar con ellos, aprende sobre la vida y el trabajo de la Dra. Jane Goodall.

> *"Tenemos la opción de usar el don de nuestras vidas para hacer del mundo un lugar mejor, o ni siquiera molestarnos".*
>
> —Jane Goodall

Ahora, Dolores Huerta. En ausencia del trabajo firme, difícil y a menudo peligroso realizado por Dolores Huerta, la organización United Farm Workers probablemente no existiría. Ella y el Sr. César Chávez fundaron la organización para luchar por los derechos de los trabajadores migrantes y negociar contratos laborales para ellos en la década de 1960. (Los trabajadores migrantes son responsables de la cosecha de la mayoría de los alimentos que terminan en nuestras mesas todos los días. Un tipo de trabajo exigente y esencial).

Abogó por leyes que permitieran a los trabajadores tomar el examen de licencia de conducir de California en español, y garantizar que los programas federales de bienestar infantil estuvieran disponibles para los hijos de los trabajadores migrantes. Sus esfuerzos le dieron el reconocimiento nacional. También trajeron peligro físico: en 1968, ella estaba de pie junto a Robert Kennedy solo unos minutos antes de que fuera asesinado en el Hotel Ambassador de Los Ángeles. En una manifestación pacífica en 1968, miembros del Departamento de Policía de San Francisco la golpearon severamente. El incidente fue grabado en video, y posteriormente recibió un gran acuerdo financiero de parte del ayuntamiento. En su estilo típico, ella utilizó las ganancias para beneficiar a los trabajadores agrícolas, no a sí misma.

Si sientes que tu futuro está en el servicio público, investiga el legado de Dolores Huerta.

> *"Nosotras, como mujeres, debemos arrojar luz sobre nuestros logros y no sentirnos egoístas cuando lo hacemos. ¡Es una manera de hacerle saber al mundo que nosotras como mujeres podemos lograr grandes cosas!"*
>
> —Dolores Huerta

"Sé tú mismo. Sin remordimientos".

- Kesha

CAPÍTULO 6

Lo que se Pone Difícil

El *"Extremely Challenging Endeavor"* (ECE) o Esfuerzo Extremadamente Desafiante es una tarea o experiencia física, mental y emocionalmente difícil en la que una persona está aislada de un entorno familiar y se ve obligada a reunir sus propios recursos para completar la tarea dada. Te animo a que te sometas al menos a uno.

El propósito de esta experiencia es cambiar permanentemente a la persona para mejor. Se vuelven más competentes, más disciplinados, más autosuficientes y más seguros.

Si no has tenido el trauma/privilegio de ir a un internado o recibir la experiencia formativa del servicio militar, busca tu propio ECE. No recomiendo que te pongas en peligro físico, pero un elemento físicamente exigente para el ECE a menudo es útil.

Nota: antes de hacer algo físicamente exigente o arriesgado, consulta a tu médico. Prepárate y entrena, obtén asistencia profesional. Usa equipo que esté en buenas condiciones. Mantente segura mientras te desafías a ti misma. Una ECE puede provocar que tengas ampollas en los pies. No debería resultar en que tu pierna termine enyesada.

Es posible que desees caminar por el sendero de los Apalaches, correr una maratón, escalar una montaña o ir en bicicleta por tu provincia. Las opciones están abiertas de par en par. Los únicos límites son lo que puedes hacer físicamente y cuánto tiempo puede tomar para hacerlos. Invertir en ti misma es clave. El ECE hará lo siguiente:

- Desarrollar una mentalidad orientada a resultados, no a apariencias;
- Te permitirá poner las opiniones de los demás en su sitio, ya que "otros" no estarán contigo cuando asumas este desafío, superes estas dificultades y descubras nuevas fortalezas y debilidades sobre ti;

- Agotarte físicamente y desafiarte mentalmente;
- Ampliar lo que crees que eres capaz de hacer;
- Establecer una base de confianza personal e ingenio que puedas aprovechar para avanzar en todos los aspectos de tu vida.

Es posible que en estos momentos algunas de vosotras penséis: "Sabes, Byron, no te quiero interrumpir, pero salir de mi situación familiar/escuela/vecindario fue un esfuerzo extremadamente desafiante". Entiendo completamente eso. No tengo una actitud de "talla única" sobre los consejos que ofrezco. Es posible que ahora tengas inteligencia callejera y dureza que te funcionen bien. Tal vez emprendas una búsqueda más espiritual, como hacer un voto de silencio durante una semana (te sugiero estar de vacaciones de tu trabajo); desconectarte de tu ordenador portátil y teléfono móvil durante una semana; meditando todos los días durante un mes. Puede ser una búsqueda educativa: obtener tu MBA o un título en derecho, o aprender programación informática mientras trabajas a jornada completa.

Cualquiera sea tu ECE, cuando lo estés haciendo, debes exigir toda tu atención y todo tu esfuerzo. Como ejemplo, en 2017, mi esposa completó el Camino de Santiago, caminando un total de 629 millas por el norte de España en 28 días (fotos de su aventura adornan las páginas de este libro). Ella viajó desde Saint Jean Pied du Port en Francia, a través de los Pirineos y hacia España. A veces sola, y a veces en compañía de otros "peregrinos" (como se les llama), se arrastró ella y su mochila por el campo. Cada día ofrecía algo nuevo (lluvias torrenciales, bosques encantados, lugares para hornear) y comodidades familiares, especialmente la generosidad de los españoles que compartían su comida, alojamiento y oraciones en cada paso del camino. No había tiempo para preocuparse por el cabello, el maquillaje, los chismes o las pequeñas conversaciones. Lo que era *tendencia en internet* no importaba en absoluto. Los entornos familiares, las distracciones y las comodidades modernas desaparecieron. El ambiente era nuevo y desconocido. La atención se centró en la tarea en cuestión.

Esa tarea fue, una vez más, física y emocionalmente desafiante y orientada a resultados, es decir, levantarse al amanecer y caminar de 15 a 20 millas a la siguiente ciudad sin demora, para poder comer, descansar, lavar su ropa, tenderla para que se seque, planificar el próximo tramo del viaje e ir a la cama temprano. Ella disfrutó la experiencia. Pero, de nuevo, asistió a una escuela católica en Boston, así que este no fue su primer ECE, si sabes a lo que me refiero.

Si serviste en las fuerzas armadas, tu campo de entrenamiento fue tu ECE. Si no lo hiciste, debes encontrar tu propio ECE personal. Deberías eliminar las pequeñas inseguridades que todos llevamos con nosotros mismos, impulsar una fortaleza mental para establecerte y permitirte salir de la experiencia con una imagen diferente y mejorada de ti misma en función de tu éxito en el desafío.

El ECE es una inversión en ti. El esfuerzo en ti misma es externo, físico y tangible, un logro que puedes cuantificar: ejemplo, "Caminé por el Gran Cañón". El cambio será interno, psicológico y puede ser menos obvio para otros: una evolución personal y privada que no puede articularse fácilmente, es decir, la persona en la que te conviertes cuando terminas tu ECE.

"Un buen acero puede soportar cualquier temperatura".

—Gabriel Betancourt

Ricos de Cuna y el ECE

Las familias Ricas de Cuna presentan a su descendencia a un ECE cuando envían a su hija obviamente privilegiada y potencialmente malcriada a un internado, a menudo antes de los 16 años. La escuela suele estar impregnada de tradición. Su experiencia probada en el tiempo radica en desarrollar el carácter, inculcar disciplina, forjar confianza en cada quién y desarrollar rigor intelectual en sus estudiantes.

La escuela dará la bienvenida a esta joven protegida y a sus nuevos compañeros de clase, y les presentará un mundo nuevo. Ella se despedirá de sus padres. Ella traerá sus maletas a su habitación asignada, con una o varias compañeras de cuarto. Ella será una estudiante de primer año. Aprenderá las reglas escritas y no escritas de la escuela, acatando órdenes y consejos de estudiantes de segundo, tercer y último año.

Ella aprenderá lectura, escritura y aritmética. Estudiará los clásicos, aprenderá un idioma extranjero y participará en actividades patrocinadas por la escuela. También hará malabares con una apretada agenda de clases, tiempo de estudio, deportes y teatro. Dominará la gestión del tiempo. Requerirá concentración mental. El espíritu de equipo florecerá entre ella y sus compañeras de clase. Aprenderá a ser organizada, puntual y cortés. También aprenderá a ser generosa: seguramente habrá compañeros de clase que necesitarán su ayuda en una materia o durante un momento difícil, tanto como ella necesitará la de sus compañeros. Las amistades de por vida comenzarán aquí. Se levantará temprano, usará el mismo uniforme escolar que todos los demás utilizan, comerá con todos los demás y asistirá a clases con todos los demás.

Los directivos requerirán su asistencia a clase. Los maestros exigirán que ella escuche, aprenda, participe y estudie. Los estudiantes tutores trabajarán con ella y la alentarán hasta que comprenda completamente los conceptos y la información que se le está enseñando. No podrá permitirse dejar caer el nombre de su familia: la mayoría de sus compañeros de clase provienen de familias ricas, y algunos de sus compañeros de clase europeos incluso pueden ser miembros de la nobleza, la aristocracia o la realeza. No podrá ganar tracción con su aspecto: hay muchas chicas bonitas aquí, y los uniformes obligatorios eliminan instantáneamente cualquier "competencia de moda". En resumen, nada de todo esto importa.

Este ECE de internado separará a esta niña insegura de su hogar familiar cómodo y amoroso y la aislará en un entorno a menudo duro, exigente y orientado a los resultados. Se verá obligada a atacar, encontrar su camino, tomar órdenes, defenderse, sacar notas, trabajar y vivir con otros. A veces es un rudo despertar. A menudo es una tradición familiar. Siempre la prepara para la edad adulta.

Durante este proceso, aprenderá a razonar, analizar, enfocarse, competir, ser parte de un equipo. La chica que fácilmente podría haberse convertido en una princesa insoportable y malcriada se convertirá en una joven independiente, segura de sí misma y educada. Cuando se gradúe, el propósito de este ECE se habrá cumplido: educar, desarrollar el carácter, infundir confianza, encontrar un propósito y forjar todo esto, como acero afilado y fuerte, en una mujer que esté lista para enfrentar el mundo.

Después de cuatro años agotadores en la escuela preparatoria, a menudo se va a una escuela de la Ivy League donde los requisitos escolares son igualmente desalentadores. Por supuesto, hay tiempo para divertirse, tanto en el internado como en la universidad, pero las demandas intelectuales despojan a una niña Rica de Cuna de cualquier ilusión de grandeza. Lo más importante, esta ECE da forma a una identidad basada en sus propios esfuerzos y logros. Le permite entrar en la suya, con la confianza de ser su mejor yo, sin lugar a dudas.

Como dijo un novelista tan elocuentemente: la prisión es difícil para aquellos que no han asistido a un internado inglés.

~ SECRETO DE RICOS DE CUNA ~

Las familias Ricas de Cuna invierten en sus hijos asegurándose de que experimenten un ECE, un esfuerzo extremadamente desafiante. Esto puede implicar internado, servicio militar o deportes. Obliga al niño a recurrir a sus propios recursos y forjar una identidad independiente de sí mismo, lejos del entorno cómodo, lejos del privilegio.

* * * * *

La Ejemplar - Eleanor Roosevelt

Como sobrina de un presidente de los Estados Unidos y esposa de otro, el servicio público era la segunda naturaleza para Eleanor Roosevelt. Una defensora incansable de las mujeres, las minorías y la clase trabajadora, aparece constantemente como una de las personas más admiradas del siglo XX. Entre otros logros, fue la primera presidenta de la Comisión de Derechos Humanos de las Naciones Unidas.

En 1921, la Sra. Roosevelt comenzó a servir como sustituta de su esposo incapacitado, el presidente Franklin Roosevelt, haciendo apariciones públicas en su nombre. También trabajó con la Liga de Sindicatos de Mujeres (WTUL), recaudando fondos para apoyar los objetivos del sindicato: una semana laboral de 48 horas, salario mínimo y la abolición del trabajo infantil (tenemos mucho que agradecerle). La esposa de un presidente que fue elegido para servir cuatro veces fue la única Primera Dama que muchos jóvenes estadounidenses conocieron hasta que su esposo murió en el cargo.

Cuando ingresó al Despacho Oval el día después de la muerte de su esposo, Harry Truman, vicepresidente y futuro presidente, se estaba reuniendo con asesores, luchando con los desafíos que enfrentó el país en medio de la Segunda Guerra Mundial.

Se puso de pie al instante y se acercó a ella. "Señora. Roosevelt, ¿qué podemos hacer por usted?", preguntó con ternura. Ella tomó su mano y respondió: "Oh, no, señor Truman. ¿Qué podemos hacer por usted?"

No hay nada más elegante que eso.

"Una mujer es como una bolsita de té: no puedes decir qué tan fuerte es hasta que la pones en agua caliente".

—Eleanor Roosevelt

"Debemos aceptar el dolor y quemarlo como combustible para nuestra travesía".

—Kenji Miyazawa

25 Mayo, 2017 - La Meseta, Burgos, España

CAPÍTULO 7

Decisiones, Decisiones

Un "protocolo" puede referirse a un "documento original" del cual se extraen documentos o acuerdos posteriores. Para nuestros propósitos, los protocolos se referirán a reglas y pautas preestablecidas que rigen el comportamiento y las opciones de marco. Los protocolos se pueden utilizar de manera efectiva para maximizar las oportunidades y la felicidad y minimizar los errores.

Muchas personas (me incluyo) a menudo crean un protocolo solo después de una experiencia particularmente desagradable. "Nunca volveré a hacer eso", es una de las respuestas más comunes a un error. Todos hemos escuchado a alguien más decirlo, y todos lo hemos dicho nosotros mismos. Independientemente del juramento, si se cumple, el comportamiento en el futuro se rige por ese protocolo. Con suerte, los resultados futuros del cambio de comportamiento mejoran mucho, o al menos el error no se repite.

Este es el valor difícil y a menudo costoso de la experiencia. Se dice que si aprendes algo, lo recordarás; pero si experimentas algo, lo sabrás. Piensa en ello como la diferencia entre alguien que ve un documental sobre la guerra en la televisión y alguien que realmente ha estado en la guerra.

Para evitar una experiencia desagradable, puedes crear protocolos. Estas son reglas que creas y cumples, decisiones que tomas por adelantado. La dirección y la calidad de tu vida se reflejarán en los protocolos que más aprecias. Es posible que desees crear protocolos para las siguientes categorías:

Lo Espiritual

- cómo interpretas y "vives" tu religión, filosofía o práctica espiritual;
- qué rituales y tradiciones observas (ejemplo: "medito todas las mañanas");
- qué compromiso puedes o no hacer a la no violencia;
- cómo traduces tu filosofía espiritual en interacciones diarias con otras personas.

Lo Personal

- cómo llevas tus asuntos diarios, es decir, haciendo compromisos (lentamente), honrándolos (siempre) y quejándote de hacerlo (nunca);
- cómo presupuestas tu tiempo, tu energía y tu generosidad;
- cómo te comprometes con tu salud emocional de forma regular;
- cómo planeas hacer ejercicio (ejemplo: "hago yoga cinco días a la semana");
- lo que comes y lo que no comes;
- lo que bebes y lo que no bebes;
- qué drogas usas y evitarlas;
- lo que lees y con qué frecuencia;
- con qué frecuencia viajas, a dónde y con qué propósito;
- cómo cumples tus compromisos con tu cónyuge o pareja;
- cómo honras y cuidas a tus hijos.

Lo Profesional

- cómo te comportas en el lugar de trabajo con respecto a tus colegas;
- cómo te comportas en el lugar de trabajo con respecto a cuestiones éticas o legales;
- cuánto tiempo tienes la intención de comprometerte a trabajar cada día o semana;
- cuánto tiempo y dinero piensas comprometer para mejorar tus habilidades profesionales a través de educación o capacitación continua;
- qué título profesional, certificación o posición planeas alcanzar (ejemplo: "Voy a ser pediatra").

Lo Financiero

- cuánto dinero quieres ganar y cómo planeas ganarlo;
- cuánto dinero quieres ahorrar, con qué frecuencia planeas ahorrarlo (ejemplo: "Ahorro el 20% de mi ingreso bruto cada semana");
- los términos y condiciones bajo los que prestarás dinero a amigos y familiares, si es que lo haces;
- cuánto dinero quieres gastar y en qué quieres gastarlo;
- cuánto dinero quieres dar a la caridad y a qué caridad quieres dárselo;

- qué inversiones considerarás y qué no considerarás (por ejemplo: "No invierto en pornografía, compañías con un historial pobre de sostenibilidad o cualquier negocio que sea ilegal").

¿Qué implica el establecimiento de un protocolo?

- Una forma de establecer un protocolo es tener una experiencia tú mismo, sentir el dolor o la recompensa que proviene de tus elecciones, y luego prometer hacer siempre algo o nunca hacer algo de una manera particular en el futuro.
- Otra forma de establecer un protocolo para ti es escuchar, digerir y prestar atención a los consejos sabios de otra persona que sepa más y/o haya visto más que tú. Pides prestada la experiencia, conocimiento, coraje o perspectiva de otra persona y la aplicas a tu situación.
- Recuerda que para beneficiarte del establecimiento y uso de un protocolo, debes hacerlo con anticipación, antes de que te embosquen, sin estar preparada para tomar una decisión importante, y antes de que la experiencia dolorosa resultante te haga gruñir y maldecir por la boca.

Por ejemplo, si desea estar en buena forma financiera en el futuro, puedes crear un protocolo para ti que diga: *Siempre gano más de lo que gasto.* Este protocolo te beneficiaría en las buenas y en las malas, y te ayudaría a evitar situaciones difíciles que podrías tener por las deudas con la tarjeta de crédito.

Además, seguir este protocolo podría proporcionarte un colchón para manejar tiempos económicos difíciles que no tuviste mano en crear. Tendrías ahorros e inversiones para sobrellevar la tormenta.

Voy a ofrecer algunos protocolos de los Ricos de Cuna para que los consideres, pero crear Protocolos avanzados realmente será tu trabajo personal durante toda tu vida. Algunos de estos regirán tu vida en un momento específico, como mujer soltera, por ejemplo, y algunos de ellos te servirán bien desde ahora hasta que tengas 85 años. Estos protocolos son tus pautas. Elevarán y moderarán tu comportamiento en cualquier circunstancia. Si lo pierdes todo, te ayudarán a mantener tu dignidad. Si tienes un éxito increíble, te ayudarán a aceptar tus recompensas y reconocimiento con gracia.

Te ayudarán a evitar errores y a manejarlos. Te ayudarán a crear y mantener un equilibrio sereno que es la marca de un individuo altamente evolucionado y con principios.

Protocolos de Ricos de Cuna

Revisemos algunos protocolos que las Mujeres Ricas de Cuna aprecian con frecuencia, generación tras generación, con resultados consistentemente gratificantes:

- *Siempre gano más de lo que gasto.* Con demasiada frecuencia, la deuda estudiantil es un hecho inevitable de la vida y las perspectivas laborales pueden ser escasas. Pagar tus facturas puede ser un desafío, pero debes trazar la línea de la deuda de la tarjeta de crédito. Aférrate a este protocolo y prosperarás a largo plazo. Cada mujer rica de cuna que conozco tiene un presupuesto, independientemente de cuánto dinero tengan. Tienen cierto ingreso, ya sea por su trabajo o sus inversiones (o ambos) y gastan menos que eso cada mes. Sin excepciones.

- *Cuando salgo de casa, estoy vestida.* Este protocolo significa que cuando sales por la puerta principal, estás presentable. Estás vestida hasta el punto de que te sentirás cómoda si accidentalmente conoces a la persona de tus sueños o un colega de negocios que podría facilitarte conseguir el puesto de tus sueños. Que no te vean en pantalones de chándal y zapatillas de estar por casa. Las mujeres ricas de cuna simplemente no salen descuidadas. "Nunca se sabe con quién te encontrarás", es el refrán común. "Presentable" es el estándar.

- *Siempre estoy leyendo un libro que vale la pena.* Has escuchado el dicho de que la diferencia entre hombres y niños es el precio de sus juguetes. Bueno, la verdadera sustancia de una mujer no está tanto en su apariencia, sino en sus libros. No leer es lo mismo que no comer verduras: no estás nutrido. Como dijo una mujer rica de cuna: "Dios te ayude si alguien te pregunta qué estás leyendo y hay un silencio. Desastroso. Has perdido".

- *Hago lo que hay que hacer, cuando hay que hacerlo, me guste o no.* Este es el punto central de obtener una educación: recibir una tarea y llevarla a cabo, agradable o no. Esta es la disciplina y el rigor que informa la cultura de los ricos de cuna. Todos tienen la costumbre de ocuparse de los negocios, con enfoque y pasión, y luego tomar un *gin tonic* (solo bromeaba sobre esa última parte, más o menos).

- *Soy selectiva sobre con quién comparto mi cama.* Acometerse en el sexo te expone a todo tipo de riesgos innecesarios, el embarazo y las enfermedades de transmisión sexual son los más obvios. Menos evidente es el daño que tal comportamiento hace a tu autoestima, reputación y relaciones.

- *No presto dinero.* El viejo dicho dice que prestar dinero a un amigo es una forma segura de perder ambos. Lo sé. Eso no quiere decir que no puedas ser generoso. Si un amigo necesita dinero, dáselo si crees que es lo correcto. Simplemente no esperes volver a ver el dinero. Si no puedes darte el lujo de dárselo, seguramente no puedes darte el lujo de prestarlo. Respuesta frecuente de un rico de cuna a una solicitud de préstamo: "Lo siento. Eso no es algo que yo hago".

- *Si voy a hacer una compra de $100.00 o más, lo pienso.* Esto significa que no hay compras impulsivas. Si vas de compras, debes saber exactamente lo que vas a comprar y por qué lo vas a comprar. No compres cuando estés molesta. No compres solo porque estás aburrida. Este proviene de una mujer rica de cuna cuyo patrimonio neto familiar sé que está en ocho cifras. Ella y su esposo discuten cualquier compra que estén considerando que supere los cien dólares. "La mitad del tiempo, después de hablar sobre ello, decidimos no comprarlo, sea lo que sea". Moraleja de la historia: si ella se toma el tiempo para pensarlo, tú puedes tomarte el tiempo para pensarlo. Una medida secundaria es pagar las cosas en efectivo. Si ves algo en una tienda y quieres comprarlo, paga en efectivo. Si no tienes el efectivo, ve al banco o al cajero automático y saca el efectivo que necesitas para comprar el artículo. Luego regresa a la tienda y entrega el efectivo que tanto te costó ganar por una posesión material. (O simplemente deja tus tarjetas de crédito en casa). Si sigues este protocolo de respaldo, no comprarás la mitad de lo que comprarías espontáneamente con una tarjeta de crédito o débito.

- *Hago ejercicio 5 veces a la semana.* Seamos realistas: la mayoría de las personas no harán ejercicio todos los días, a pesar de que les gustaría. Así que solo comprométete a hacer ejercicio tres de cada cinco días de la semana, y luego el sábado y el domingo, cuando probablemente tengas más tiempo. Los ricos de cuna están saludables. No es un accidente.

- *Solo hago negocios con personas que conozco, o mediante una referencia de alguien que conozco.* También puedes ampliar este protocolo para incluir a las personas con las que sales y socializas, pero ten cuenta que la calidad de tu experiencia con este protocolo dependerá de la calidad de las personas que conoces. Por lo tanto, es posible que tengas que mejorar tu círculo de amigos y colegas para obtener el beneficio completo de este protocolo. Sin embargo, limitarás su exposición a aficionados y estafadores.

- *Priorizo mis ahorros... y mis gastos.* Hoy, muchas mujeres priorizan los ahorros. Reservan un porcentaje de sus ingresos netos de manera consistente para obtener fondos para la inversión y el ahorro. Eso es genial. Tú también deseas priorizar tus gastos. Debes saber: en qué gastas tu dinero, más allá de las necesidades como comida y alojamiento. Haz que tus prioridades sean educación o superación personal, luego viajes, luego posesiones materiales. Los libros pueden ser una ventana al mundo; viajar es el mundo mismo. Mientras trabajas y ahorras dinero, lee. Cuando tengas fondos libres, viaja. Observa cómo viven, trabajan y aman otras personas en otras tierras. Cuando gastas tu dinero en viajes, te vuelves más rico.

~ SECRETO DE RICOS DE CUNA ~

Cuanto mejor sea tu proceso de toma de decisiones, mejores serán los resultados de esas decisiones y mayor será tu calidad de vida general. El establecimiento de protocolos (reglas, límites, procedimientos o puntos de referencia establecidos que informan y dan forma a las elecciones) contribuye a una toma de decisiones consistentemente buena.

* * * * *

Aspectos a Recordar

Cuando las personas mayores y más mundanas que tú ofrecen consejos, a menudo intentan *prestarte su experiencia sin que tengas que pagar* con dinero, sufrimiento u oportunidad perdida. Si el consejo es sólido, si es relevante para tu situación, si lo aceptas y si actúas de manera adecuada, considérate afortunada de beneficiarte de su sabiduría sin adquirirlo a través de la experiencia. Esto es algo raro y una bendición.

Los protocolos que adoptes y adhieras formarán tu propio "código" personal con el que vivas. Actuarán como un modelo a medida que diseñes y construyas tu vida, y serán un sistema de apoyo personal cuando enfrentes situaciones difíciles.

Cuando te encuentras en una situación desconocida, tus decisiones y acciones son más fáciles de tomar. Si estableciste un protocolo desarrollado de antemano, no tienes que "decidir". La decisión ya ha sido tomada por ti.

Si alguien hace una solicitud con la que no te sientes cómoda, puede que no sea agradable decir: *"Esto no es algo que yo hago"*. Sin embargo, te permitirá entregar las malas noticias como una política, no como algo personal.

En el otro lado de esa moneda, cuando alguien se entera de que es un protocolo tuyo, digamos, verificar dos veces todo tu trabajo, infundirá confianza. También inclinará la balanza a tu favor en caso de que surja una controversia: tu protocolo ya ha sido establecido y comunicado a otros. *Todo el mundo sabe cómo te mueves.*

Los protocolos no son solo muros para mantener a raya los problemas: son puentes que te conectan con quienes comparten tus valores, e incluso pueden compartir algunos de tus protocolos. No necesitarás transmitir ni pontificar, solo cumple con tus protocolos. Tus acciones les dirán a todos todo lo que necesitan saber.

Articular, establecer e implementar protocolos de por vida puede ser desafiante y puede aislar a veces. Hazlo de todos modos. Construye protocolos sabiamente. Adóptalos deliberadamente. Vive por ellos siempre. Incluso si es difícil. Como hemos señalado, debes aceptar el dolor y utilizarlo como combustible para tu viaje.

La Ejemplar — Princesa Diana

Es imposible hablar completamente sobre la vida de la princesa Diana y su impacto en tan pocos párrafos. Sin embargo, déjame hablarte un poco sobre ella. Aunque famosa por casarse con la familia Windsor, ella era de sangre azul por derecho propio como descendiente de la familia Spencer, que ha existido durante siglos.

Ella se abrió camino, sorprendió al establecimiento y transformó las actitudes públicas cuando, en 1987, se sentó en la cama de un hombre con VIH/SIDA y le tomó la mano. Más celebrada por su trabajo de caridad y por su apoyo a la Campaña Internacional para prohibir las minas terrestres, Diana también participó en docenas de organizaciones benéficas, incluido el Hospital para Niños Great Ormond Street de Londres.

También concientizó y abogó por formas de ayudar a las personas afectadas con VIH/SIDA, cáncer y enfermedades mentales. Su influencia y capacidad para dirigir la atención y el apoyo a cualquier organización benéfica en la que se involucró la convirtieron en una fuerza poderosa para el bien. Las organizaciones benéficas que trabajaron para combatir el cáncer, el abuso de drogas y la falta de vivienda en el Reino Unido y en el extranjero se beneficiaron de su generosidad y celebridad.

Si tienes la oportunidad de dar tu tiempo y tu dinero, aprende más sobre la vida de la princesa Diana.

> *"Lleva a cabo un acto de bondad al azar, sin esperar recompensa, con la certeza de que algún día alguien podrá hacer lo mismo por ti".*
>
> —Princesa Diana

"Nuestra mayor Gloria no está en nunca caer, sino en levantarse cada vez que caemos".

—Confucio

CAPÍTULO 8

A Través del Espejo

En este capítulo, vamos a discutir ideales e ilusiones. Un ideal es la encarnación perfecta y completa de un concepto, su colección suprema de atributos, cualidades o habilidades. Un ideal articula un objetivo, una aspiración. Una ilusión es la interpretación inexacta de algo o alguien que vemos, creemos que conocemos y entendemos, algo a lo que le asignamos valor, algo que experimentamos o algo que aceptamos erróneamente como verdadero.

En una forma de gobierno, muchas personas sostienen como "ideal" los conceptos de igualdad, democracia, valores compartidos y debido proceso legal. Por ejemplo, cuando los Padres Fundadores de los Estados Unidos redactaron la Declaración de Independencia, afirmaron que "todos los hombres son creados iguales". Este fue uno de los "ideales" que establecieron. En el momento en que se escribieron estas palabras, sin embargo, la verdad incómoda es que muchos de estos hombres eran dueños de esclavos. La "igualdad" obviamente no se aplicaba a sus esclavos; no se aplicaba a las mujeres, a los nativos americanos, ni a otros hombres blancos que no poseían propiedades.

Sin embargo, todavía mantenemos estas palabras y este concepto, que todos los hombres son creados iguales, como nuestro ideal en los Estados Unidos. Nos ha empujado hacia adelante y nos ha mejorado. Las mujeres, los nativos americanos y los afroamericanos ahora tienen derecho a votar, poseer propiedades y casarse con quien deseen. La discriminación racial en el lugar de trabajo y en la educación es ilegal. La comunidad LBGT avanza hacia una mayor igualdad de derechos, basada en este ideal.

Los ideales no alcanzan la "realidad", pero la sociedad los sostiene como objetivos a los que debemos aspirar. Elevan el pensamiento y la acción. Los necesitamos. Nos benefician. Podemos, un día en un mundo perfecto, lograr un ideal. Lo más probable es que los tengamos en cuenta a medida que avancemos de manera imperfecta.

A nivel personal, puedes tener un modelo a seguir o un "ideal" de lo que quieres lograr en tu carrera o en quién quieres convertirte como persona. Es posible que tengas un "ídolo" que tengas el "trabajo de tus sueños" o vivas tu "vida soñada". Si bien sabes que esta persona es humana, que tiene fallas que no deseas adoptar y desafíos privados que no conoces, aún lo consideras tu modelo a seguir en lo que quieres convertirte. Lo que haces con esta persona ideal es ver cómo llegaron a donde está y ver si puedes seguir un camino similar. Modelas los comportamientos positivos que ves exhibir: trabajo duro, dedicación, habilidad, creatividad, profesionalismo, gracia y generosidad.

Si tienes un concepto como ideal, puedes convertirlo en tu mantra. Por ejemplo, si quieres ser una novelista exitosa, puedes decir algo como "Voy a ser la próxima J.K. Rowling". Esto no significa que te tiñas el cabello de rubio y hables con acento escocés. Significa que te esfuerzas por crear una gran obra de ficción que los lectores de todo el mundo disfruten.

Lo que haces con un ideal es internalizarlo, guardarlo para ti y dejar que gobierne en silencio tu comportamiento.

Con el tiempo, es una ley universal que lo que piensas constantemente y trabajas persistentemente se volverá real, aunque a veces no de la manera que imaginaste. En esta verdad radica la importancia de tener un ideal y perseguirlo.

La Ilusión

Una ilusión es una opinión, creencia o impresión inexacta, algo que creemos que es cierto, pero que, por evidencia y experiencia, no es cierto. Mientras que un ideal es algo hacia lo que trabajamos, una ilusión es algo a lo que nos aferramos. Es algo que a menudo queremos desesperadamente que sea verdad, necesitamos que sea verdad o esperamos que sea verdad, pero no hacemos ningún esfuerzo para hacerlo realidad. Por ejemplo, si dices que quieres ser la próxima J.K. Rowling, pero no te sientas casi todos los días y escribes, si no tomas lo que has escrito y persigues a los agentes y editores, entonces puedes estar sufriendo la ilusión de ser una escritora famosa.

Nota: A menudo nos sentimos mejor al tener una ilusión sobre algo o alguien que reconocer la realidad y actuar para cambiarla.

Otro ejemplo de una ilusión que prevalece particularmente entre muchas mujeres es la imagen que tienen de su cuerpo en relación con las imágenes que se les presentan en los medios. Fotografías de celebridades perfectas o modelos de moda cuyo cabello, rostro, figura y vestuario siempre son perfectos, creando la ilusión de que esto es "real" y que todas las mujeres lo pueden lograr en todas partes. La verdad sobre estas imágenes, y estas celebridades o modelos, es menos glamorosa. Son muy conscientes de que han elegido una profesión muy competitiva. Se comprometen ellas mismas. Trabajan con entrenadores de actuación, canto y dicción. Trabajan regularmente con entrenadores personales. Contratan chefs para asegurarse de que comen bien. Tienen asistentes para manejar sus horarios y maximizar su tiempo.

Saben que su imagen es una parte importante de su carrera. Independientemente de lo duro que trabajen, deben parecer relajadas, elegantes y encantadoras en público. Para apoyar esta apariencia, tienen estilistas para su cabello, compradores personales para su ropa, publicistas para sus entrevistas y apariciones, y cirujanos estéticos para proporcionarles unos pequeños retoques estéticos para que se vean "juveniles".

Por lo tanto, no es realista pensar que "lo tienen todo controlado" todo el tiempo. Después de mucho trabajo por parte de mucha gente, lo "tienen controlado" en la alfombra roja o en la pantalla durante un período de tiempo limitado. Proyectar sin esfuerzo todo lo que oculta todo el trabajo duro es parte de su trabajo: crear una ilusión. Es más, cuando una foto suya aparece en Internet o en una revista, ha sido retocada por profesionales editoriales para minimizar o eliminar cualquier imperfección y proporcionar un toque final o dos de resplandor y brillo. No es de extrañar que estas mujeres se vean geniales. Con un equipo de profesionales a su entera disposición, deberían verse geniales.

Este aspecto de las industrias del entretenimiento y la moda es lo que es. Estas mujeres están en el negocio de vender sueños: películas, programas de televisión, ropa y cosméticos. El problema comienza cuando las mujeres jóvenes y trabajadoras están constantemente expuestas a estas creaciones cuidadosamente fabricadas. Es tentador creer que estas creaciones artificiales son la norma, el estándar, la regla.

Las mujeres ricas de cuna que adopta la filosofía de Rica de Cuna, Mujer Nueva, que trabaja para ganarse la vida y usa sus recursos sabiamente, no compara sus cuerpos o su aspecto con los prototipos perfectos de talla cero que se presentan constantemente como el "ideal". Las mujeres ricas de cuna saben instintivamente que esta ilusión no es ningún tipo de "ideal". No aspiran a esto. No imitan esto. No tienen envidia de esto. No están influenciadas por esto.

Algunas celebridades han sentido esta desconexión y la han abordado. En 2016, por ejemplo, la cantante y compositora Alicia Keys comenzó el movimiento #sinmaquillaje para abordar las luchas y presiones para "lucir de cierta manera" a las que se enfrentan muchas mujeres. Ella prometió dejar de cubrirse: 'Ni mi cara, ni mi mente, ni mi alma, ni mis pensamientos, ni mis sueños, ni mis luchas, ni mi crecimiento. Nada". Evalúa su decisión y mira cómo o si tiene sentido para ti. Modera tu exposición a imágenes de un "ideal" que se basan en la apariencia. No te vuelvas loca en la búsqueda de una ilusión. Mientras que una ilusión es algo peligroso sobre un objetivo o una situación, puede ser devastador tenerla sobre una persona. Como dije, un ideal es algo que guardamos con nosotros. Por el contrario, una ilusión es algo que proyectamos en otra situación o persona. Es posible que ya sepas estas cosas, pero es muy importante ahora que las *comprendas y las apliques a tu vida, tanto en el trabajo, en las relaciones y en el amor.*

No trabajes bajo la ilusión de que tu vida simplemente va a "salir bien" porque lo sueñas despierta pero no trabajas en ello; que tienes "derecho" a un aumento salarial en el trabajo solo porque has estado en tu trabajo durante un par de años; o que el vago con el que estás saliendo evolucionará mágicamente en un joven ambicioso solo porque sigas amándolo y (¿financieramente?) apoyándolo.

La razón por la que digo estas cosas duras es porque he visto que muchas mujeres tienen ilusiones sobre el mundo y sobre sus parejas, que impactan permanentemente sus vidas de maneras desagradables. Cuando estas mujeres finalmente se despiertan y ven la realidad sobre las situaciones y las parejas en las que se han involucrado, o las elecciones financieras que han tomado, a menudo se quedan con pocas opciones viables. Enfrentan el divorcio, las deudas, los niños que cuidar y las carreras a retomar o reconstruir con recursos limitados, y a menudo tienen poco tiempo, dinero o fuerza para cambiar o mejorar su situación.

No abogo por abordar la vida y el amor como un negocio, mirando la relación riesgo/recompensa en cada amistad o romance a través de una lente transaccional.

Tampoco abogo por abordar la vida y el amor como un cuento de hadas, pensando que un final feliz seguramente aparecerá, de alguna manera, algún día. Cuando te tomas el tiempo de invertir en ti misma y saber quién eres y qué es importante para ti, será más probable que determines cuáles es tu "ideal" o "ideales" en la vida. También serás menos susceptible a las ilusiones, ya sea que impliquen posesiones materiales u otras personas.

Las cosas que consideres importantes serán más intangibles, como el propósito, el trabajo y la integridad, pero más significativas. Las cosas superficiales que se anuncian y promocionan tendrán menos atractivo y tendrán menos peso. Cuando ocurra este cambio en tu pensamiento, podrás enfrentar la "realidad" con menos temor y "poseer" tu futuro. Dite la verdad y vive en consecuencia.

Ahora que hemos abordado algunas ilusiones en el frente personal, discutamos algunas ilusiones que aparecen en las relaciones.

El Síndrome del "Caballero con Brillante Armadura"

Es posible que tengas una pareja *ideal* que desees en tu vida en el futuro, probablemente como novio, novia, amante, pareja o esposo. Bien. Ese es tu ideal. Sostén ese pensamiento. Lo que puedes haber articulado, en tu mente y tal vez en tu diario, es una lista de características. Tu pareja ideal tiene estas características y son importantes para ti. Algunos pueden ser superficiales, como el color del cabello, o el requisito de que simplemente tengan cabello, y algunos son increíblemente importantes, como la amabilidad y la honestidad.

A medida que avanzas en la vida con esta lista de "amor ideal" en tu mente, te encontrarás con candidatos que tienen un poco, algunas o muchas de las características físicas o rasgos de personalidad que deseas en una pareja. Es probable que ninguna persona las tenga todas. No te desesperes: descubrirás que puedes vivir feliz sin una o dos cosas en tu lista. Te daré este consejo: ten cuidado con lo que deseas. Ten más cuidado con lo que te conformas.

Por el contrario, puedes estar saliendo o estar enamorado de alguien en este momento y tener ilusiones sobre quiénes son realmente o en qué se convertirán realmente. Esto es un problema ¿Cómo sabes si estás albergando una ilusión? Hazte algunas preguntas relacionadas con lo que quieres, esperas y deseas de ellos:

- ¿Son confiables?
- ¿Son "finalizadores"?
- ¿Están ahorrando dinero?
- ¿Tienen un mentor?
- ¿Valoran la educación?
- ¿Están planeando o empezando un nuevo proyecto?
- ¿Están socializando con personas ambiciosas y honorables?
- ¿Tienen un plan? ¿Para el futuro cercano? ¿A largo plazo?
- Si crees que van a tener éxito, ¿están trabajando duro en este momento?
- ¿Sus acciones diarias coinciden con lo que crees que es verdad sobre ellos?

Si crees que te quieren:

- ¿Son leales?
- ¿Son considerados?
- ¿Son desagradables contigo?
- ¿Se comunican?
- ¿Abusan de ti física o verbalmente?
- ¿Saben lo que es importante para ti?
- ¿Te apoyan en tus emprendimientos?
- ¿Tratan a las personas que le importan con respeto, incluso si no siempre están de acuerdo con ellas o ni siquiera les gustan?
- ¿Están albergando ilusiones propias? ¿Has hablado con ellos sobre esto? ¿Cómo respondieron ellos?
- ¿Existe evidencia en su comportamiento diario y habría algún testimonio de su familia y amigos que respaldaría sus creencias sobre ellos?

La mayoría de estas son respuestas "sí o no". Un "sí, pero..." no es suficiente. Sin razonamientos. Sin justificaciones ¿La persona que amas hace el camino? ¿Sus acciones coinciden con tus ideales, en su mayor parte? Si no, puedes estar sufriendo una ilusión. Debes decidir.

Nota: enamórate primero con la cabeza.

Ideales, Ilusiones y Ricos de Cuna

Los individuos y las familias ricas de cuna a menudo tienen ideales. Los padres imparten estos ideales a sus hijos y los refuerzan a través de lo siguiente:

- *ejemplo*: un buen ejemplo vale más que mil conferencias, como siempre digo. También digo que un buen ejemplo es extremadamente irritante. Pero eso no viene al caso;
- *educación*: estar bien educado, en el sentido formal y también en el sentido más práctico, para no aprender *qué* pensar sino *cómo* pensar;
- *exposición*: a una variedad de personas, países extranjeros y experiencias únicas, que es lo opuesto a vivir una vida protegida.

Los padres actúan con integridad en su vida privada y pública. Son justos con familiares y amigos. Conocen y se adhieren a una verdad simple: tus ideales elevan tu vida mientras tus ilusiones sabotean tu vida. Establecen un ejemplo que tus hijos pueden ver, incluso si ignoran lo que dicen sus padres.

Como dije anteriormente, las familias ricas de cuna abogan por una educación, a menudo rigurosa y sin sentido, para que sus hijos estén preparados para el mundo real. Hay un viejo dicho que escuché de niño, muchas veces, de mi padre: "Prefiero que las cosas sean difíciles para ti mientras creces que cuando seas adulto". Obtener una educación puede ser difícil, para los padres y para el niño, pero un individuo bien educado y completo es un ideal (uno que está al alcance, en realidad) que beneficia al individuo, la familia y la sociedad en igual medida. Las familias Ricas de Cuna también respaldan la exposición, a menudo a través de viajes y trabajo, para desafiar suposiciones, experimentar nuevos entornos, para que sus hijos puedan aprender, madurar, desarrollar nuevas habilidades, ver cómo es realmente la vida y descubrir quiénes son realmente. Los errores y el dolor son parte integrante de este proceso. También lo son las aventuras, los logros y un núcleo forjado de autoconfianza e identidad personal que las últimas tendencias y las opiniones de los demás no alterarán ni debilitarán rápidamente.

Nota: cuando se siente cierta emoción por algo, y la evidencia con respecto a esa misma cosa es contradictoria, los ricos de cuna descuentan la emoción y prestan atención a la evidencia, por muy dolorosa que pueda ser.

Lo que los Ricos de Cuna no toleran es la ilusión. No sobre ellos mismos y ciertamente no sobre otras personas. No le gustarás a todo el mundo. ¿Y qué? No será todo perfecto todo el tiempo. El trabajo, incluso cuando lo amas, a veces es un desafío. Las personas a veces son contradictorias y desconcertantes. La vida puede parecer injusta. Y a menudo lo es.

Las cosas que realmente importan y que realmente tienen valor no se pueden comprar. Además, a menudo se esfuerzan por adquirir y mantener. Para manifestar un ideal, o cualquier cosa cercana a él, se requiere concentración y disciplina. Esta búsqueda nunca carece de decepción y derrota, pero recuerda, "la mayor gloria no está en nunca caer, sino en levantarse cada vez que caemos".

~ SECRETO DE RICOS DE CUNA ~

Los Ricos de Cuna mantienen sus ideales preciados, pero no toleran las ilusiones. Son muy conscientes de que existe una delgada línea entre un ideal y una ilusión. Un ideal es un concepto en su estado perfecto y completo, al que se aspira con el tiempo, un objetivo hacia el cual trabajar. Una ilusión es un malentendido de atributos o condiciones, un peligro de reconocer, evitar o descartar lo antes posible.

*****

Aspectos a Recordar

Las personas están en su propio camino. Es raro que puedas alterar la dirección de ese camino, o el destino que le espera a una persona en particular, sin importar cuánto te preocupes por esa persona. Si intentas cambiar el camino de esa persona, se sale de su propia ruta y puede perder el camino. Eso no ayuda a ninguno de vosotros.

Si puedes reconocer ese camino al observar el comportamiento pasado, los factores ambientales y las aspiraciones que se honran con las acciones (generalmente el trabajo duro y la persistencia), puedes decidir qué tan involucrado quieres estar en la vida de alguien y determinar cómo participar en su vida, sin ilusiones.

Las personas no son tan originales y únicas como piensan que son. Provienen de cierta cultura y cierta clase social que les marcan comportamientos y prioridades, y estas culturas y clases también tienen expectativas de ellos. Pocas personas escapan a estas expectativas. Si vives lo suficiente, presta un poco de atención y te mantienes fiel a quién eres, puedes conocer a alguien y, en un período de tiempo relativamente corto, tener una buena idea de quiénes son, a dónde van, y qué obstáculos enfrentarán en el camino. Una vez más, también puede decidir si deseas estar presente o participar en alguno de ellos.

No es ser cínico. Ciertamente no es ser ingenuo. Es ser inteligente a medida que avanzas hacia ser sabio. De nuevo: abraza tus ideales. No albergues ilusiones.

La Ejemplar - Leontyne Price

Era el año 1927. La construcción comenzó en el Monte Rushmore. Charles Lindbergh completó el primer vuelo en solitario a través del Atlántico. "La gran inundación del Mississippi", la inundación más destructiva en la historia de los Estados Unidos, golpeó la parte sureste del país. Y el 21 de febrero, en el pequeño pueblo de Laurel, Mississippi, nació Leontyne Price.

La nieta de dos ministros metodistas en el sur profundamente segregado, la Sra. Price comenzó a cantar en la iglesia. Cuando tenía cinco o seis años, sus padres le compraron un piano de juguete. "Estaba en medio del escenario desde el momento en que recibí ese piano de juguete... Entonces tenía la enfermedad", dijo la Sra. Price más tarde en la vida.

La Sra. Price fue una excelente estudiante en la Escuela Secundaria Vocacional Oak Park y luego se matriculó en la Facultad de Educación y Artes Industriales de Wilberforce, Ohio. Se centró ampliamente en la educación musical, pero la facultad, consciente del don que poseía, la persuadió para que se concentrara en la voz. Después de graduarse, se fue a la ciudad de Nueva York para asistir a The Juilliard School con una beca completa.

En Juilliard, la Sra. Price estudió bajo la tutela de su amada instructora vocal, Florence Page Kimball. La bella voz soprano lírica de la Sra. Price consiguió sus papeles principales en muchas de las óperas de la escuela. Durante este tiempo, el compositor Virgil Thomson vio una de sus actuaciones e inmediatamente la incluyó en una de sus producciones.

La Sra. Price saltó a la fama internacional durante un período de disturbios raciales en los años 50 y 60. En 1955, cuando se comprometió a cantar el papel principal para la producción de la NBC de *Tosca* de Puccini, algunos afiliados locales se indignaron y se negaron a transmitir la actuación. Sin embargo, su interpretación dramática y su incomparable interpretación vocal fueron un éxito crítico. Otros roles de ópera televisados pronto siguieron con su actuación de Aida de Verdi por primera vez en 1957. Su éxito la llevó a actuar en Viena y, en 1960, al escenario de La Scala, el lugar más venerado de la ópera.

La Sra. Price fue la primera estadounidense de ascendencia africana en convertirse en una prima donna líder en la Metropolitan Opera de Nueva York.

Sus honores son numerosos: la Medalla Presidencial de la Libertad (1965), los Kennedy Center Honors (1980), la Medalla Nacional de las Artes (1985), numerosos títulos honoríficos y diecinueve premios Grammy, incluido un Premio especial a la trayectoria en 1989, más que cualquier otro cantante clásico. Recibió uno de los primeros honores de ópera otorgados por el National Endowment for the Arts en 2008.

La Sra. Price vino de una familia rica de cuna que valoraba la educación y las artes. Luego se convirtió en una de las artistas musicales más aclamadas del siglo XX, a pesar de los prejuicios y la segregación que atormentaron a Estados Unidos durante las décadas de 1950 y 1960.

Su voz es algo que las palabras no pueden describir, solo los oídos pueden apreciar realmente, y solo los corazones pueden entender. Baste decir que en su actuación final en el Metropolitan Opera House de Nueva York, su compromiso de por vida con su arte fue realmente apreciado. El público le dio una gran ovación... que duró media hora.

Si amas la música y crees que puedes dedicar tu vida a ella, escucha el trabajo de Leontyne Price e inspírate. Lee más sobre ella y su carrera.

„*Quien soy es lo mejor que puedo ser*".

—Leontyne Price

"No esperes el permiso, consejo o afirmación de otros para perseguir lo que quieres".

—Anónimo

9 Junio, 2017 - O' Cebreiro, España

CAPÍTULO 9

Nacida Preparada

Este es el primero de los tres capítulos que clasificaremos como "Presentación", cuya definición es simplemente la forma en que te presentas al mundo. Bajo el paraguas "Presentación", primero abordaremos "Preparación". Seguiremos eso con un capítulo sobre "Comportamiento" y luego "Ropa y Aseo". Aislaremos y discutiremos estos elementos por separado porque hay mucho que decir sobre cada uno. Entonces, lo primero es lo primero.

La preparación, para ser precisos, es el grado en que te has preparado para ejecutar una determinada tarea de manera competente y segura o para un evento en particular. Ya sea para un recital de piano o un juego de baloncesto, es importante que te prepares y lo hagas de la manera correcta. Si, antes de un recital, dedicas dos horas a tu cabello, maquillaje y vestuario, pero no pasas tiempo practicando el piano, probablemente no te desempeñes bien. No te presentarás bien en general. Es posible que te hayas presentado bien con respecto a su apariencia, pero no te has preparado para ejecutar bien la tarea de tocar el piano. Veamos la preparación en otras situaciones familiares:

En la escuela secundaria, la preparación es un tema sencillo: tú te presentas a clases, mental y físicamente, escuchas a los maestros, aprendes lecciones, tomas notas y lees libros de texto para estar preparada para tomar y aprobar los exámenes. A medida que avanzas hacia adelante y hacia la cima con tu educación, (con suerte) te comprometes con conceptos más sofisticados para comprender cómo se relacionan con tu mundo.

En la universidad, te presentas a clases, te encuentras con materias más complejas como filosofía y matemáticas aplicadas. Estos enriquecen tu vida y pueden, nuevamente, prepararte para la vida después de la universidad, tanto como profesional con una carrera como un ser humano completo con una base central de conocimiento.

En el mundo de los negocios, está la entrevista de trabajo. Te presentas, preparada.

Has investigado la empresa para la que quieres trabajar. Has aprendido sobre sus ejecutivos y su industria y quizás incluso hablaste con personas que actualmente trabajan allí.

En tu carrera, si te preparas ampliamente, se te considerará creíble, competente, informada, capacitada o incluso una experta. Desarrollarás las habilidades para hacer lo que dices que puede hacer, ya sea pintar un fresco o pronosticar los márgenes de beneficio del próximo trimestre.

Esos son algunos de los beneficios de estar preparada. También debes saber que hay un precio por no estar preparada. Primero, probablemente no se te dará una segunda oportunidad para volver al recital o la reunión de negocios y volver a hacerlo. La vida no funciona así: es demasiado competitiva. La gente no tiene tiempo. Además, muchas veces serán los hombres quienes juzguen qué tan bien te has preparado. A pesar de sus mejores intentos de ser justos, aún pueden albergar un sesgo consciente o subconsciente contra las mujeres. Se te puede exigir a ti, como mujer, que estés "extra preparada" para competir contra hombres que pueden estar menos preparados, menos calificados, menos talentosos. No te estoy diciendo nada nuevo, especialmente si eres una mujer de color.

Sin embargo, es importante saber esto: tu preparación o falta de ella se refleja no solo en ti, sino en *todas las mujeres* que van a una entrevista de trabajo, que hacen una presentación, que tocan en un recital. Si no estás tan preparada como puedas, confirmarás los prejuicios de los hombres que evalúan tu trabajo. Decepcionarás a las mujeres que te precedieron, que se han preparado y se han destacado. También traicionarás y pondrás en desventaja a las mujeres que siguen después de ti, que se han preparado, pero ahora se enfrentan a juicios injustos contra ellas porque tú, como mujer, no estabas preparada. Estate preparada.

Normas Sociales

Al cerrar este capítulo, permíteme mencionar algunos puntos relacionados con la preparación en tu vida social.

Debes saber que la puntualidad es un hábito clave a desarrollar, obviamente cuando se trata de reuniones de negocios y citas, pero también con fechas y cenas. Esperar a una mujer que no sea tu esposa tiene poco encanto. Llega a tiempo planeando llegar a tiempo. Prepárate. Sal temprano. Llega segura. Viejo dicho: temprano es a tiempo; a tiempo es tarde; y tarde es inaceptable.

Para las ocasiones sociales, la preparación también significa que has tenido alguna idea sobre el evento y los invitados, lo que debes usar, dónde se encuentra el lugar, cómo vas a llegar allí: transporte, problemas de tráfico y direcciones, y lo que debes traer como regalo para los anfitriones. (Siempre debes traer un regalo).

Estar preparada también se aplica a la conversación. Supongamos que te encuentras con un posible compañero de citas por primera vez para tomar un café. Puedes echar un vistazo a los titulares de la mañana primero. Esto te dará algo de qué hablar que está por encima del chisme, pero no tan elevado como la física cuántica. También puedes estar preparada para hablar sobre el libro que estás leyendo (estás leyendo un libro en este momento, ¿verdad?). Y tendrás algunas preguntas en mente que querrás hacer sobre la otra persona. Estos fundamentos ayudarán a que la conversación fluya y les dará a todos la oportunidad de dar lo mejor de sí.

Nota: Te advierto sobre la búsqueda en línea para recopilar información por adelantado sobre alguien que vas a conocer en una base social o romántica. "Oh, sí, te busqué en Google", no es un buen comienzo. Llámame anticuado (otra vez), pero creo que a la gente le gustaría que la tomen por su valor nominal. Participa en la magia de conocer a alguien nuevo sin ideas preconcebidas obtenidas de resultados de búsqueda en Internet.

Recuerda: la preparación es la llave que abre todas las puertas.

La Ejemplar - Ada Byron King

Ada Byron King, condesa de Lovelace, la única hija legítima del poeta Lord Byron, parecía estar destinada a la fama al nacer. Su decidida madre encabezó la educación rigurosa de Ada, que se centró en la música, las matemáticas y las ciencias.

En 1833, la joven Ada conoció a un profesor de matemáticas inglés en la Universidad de Cambridge llamado Charles Babbage. A pesar de su diferencia de edad de más de 25 años, eran pares intelectuales y se hicieron amigos rápidamente. Babbage, quien se conocería como "el padre de los ordenadores", mantuvo correspondencia con Ada durante las siguientes dos décadas, durante las cuales inventó lo que se llamó el "Motor Analítico".

En 1843, Babbage le pidió a Ada que tradujera una descripción de su motor para un ingeniero militar italiano. Durante los siguientes nueve meses, ella hizo exactamente eso... y más. Además de proporcionar una traducción literal, agregó su propio conjunto de notas que era tres veces más largo que la traducción real. Sus notas incluían algunos de los cálculos de Babbage en los que encontró errores, tomó nota y corrigió.

Ella también poseía visión, describiendo cómo este "Motor Analítico" podría usarse para calcular una secuencia de figuras, luego probó el cálculo esquematizando los cálculos que haría la máquina. En resumen, ella había escrito el primer algoritmo de computadora. También vio la capacidad de las computadoras para ir más allá del simple cálculo, pero también articuló cómo los individuos y la sociedad podrían relacionarse con la tecnología como una herramienta de colaboración.

Ada es considerada por muchos como la primera autora de un programa de computadora, a pesar de haber vivido un siglo antes de la invención del ordenador moderno. En 1953, más de un siglo después de su muerte, las notas de Ada sobre el motor analítico de Babbage se volvieron a publicar. El "motor" ahora ha sido reconocido como un prototipo para una computadora. Sus notas ahora se consideran la primera descripción de una computadora y *software*.

Ada Byron King, condesa de Lovelace, fue pionera en informática. Ella defendió la nueva tecnología que daría forma al futuro.

Si deseas unirte al creciente número de mujeres innovadoras en los campos STEM (ciencia, tecnología, ingeniería, matemáticas), considera el trabajo de Ada Byron King.

> *"Mi comprensión solo puede ser una división infinitesimal de todo lo que quiero entender".*
>
> —Ada Byron King

"Si siempre intentas ser normal, nunca sabrás lo increíble que puedes llegar a ser".

—Maya Angelo

14 Julio, 2017, El Marais, París

CAPÍTULO 10

Camina por Aquí

Acabamos de hablar sobre la Preparación. Nuestro siguiente tema bajo la "Presentación" es "Comportamiento", la forma en que te comportas: la forma en que caminas, hablas e interactúas con los demás, tanto de una forma verbal como no verbal. Esto incluye la postura, tu dicción y voz, etiqueta y modales, y las maneras que usas cuando hablas o escuchas a alguien. El comentario dice mucho, antes de que pronuncies una palabra.

Es importante comprender que estamos comenzando desde "el interior" y avanzando "hacia afuera". Comenzamos con la preparación, el trabajo que realizas antes de salir por la puerta principal o presentar tus habilidades al mundo exterior. Este es el "trabajo", el proceso que nadie más ve realmente.

En este capítulo sobre Comportamiento, discutiremos cómo te portas después de prepararte. La forma en que te portas y actúas en general se mantendrá constante, independientemente de si acabas de ponerte un vestido de gala para salir por la noche o si acabas de terminar un partido de fútbol con tus amigos.

Como mencioné, el tercer aspecto importante de la Presentación es "Ropa y Aseo": estas cosas se discutirán en último lugar porque son cosas que puedes cambiar fácilmente. Estar preparada y portarse con gracia y cierta reserva son cosas en las que debes trabajar. Debes saber que eres tú quien debe decidir, en función de tus metas y objetivos en la vida, qué significa "estar preparado" para ti. Debes decidir con qué imagen de ti misma te sientes más cómoda y cuánta preparación se asocia con eso. Esa preparación se extenderá a cómo te portas... y cómo te presentas al mundo. Simplemente estoy destacando algunas estrategias para que comiences. Así que... haz el trabajo primero. Preocúpate por las apariencias más adelante.

Una parte clave del Comportamiento es la postura, la posición en la que mantienes tu cuerpo en posición vertical, contra la gravedad, mientras caminas, estás de pie o sentada. La postura comunica confianza y dignidad, o la falta de ella. También es importante para tu salud, ya que afecta la función de los nervios y el flujo de sangre a través del cuerpo. Un ejercicio mental fácil para ayudar con la postura es imaginar que una cuerda atraviesa la columna vertebral y que una mano invisible tira suavemente de la cuerda por la parte superior de tu cabeza, enderezando la columna sin esfuerzo y levantando tu barbilla. Una vez que visualices eso, deja que tu cuerpo reaccione a la imagen y mantenga esa postura. Esa es tu posición predeterminada, sentada, de pie o caminando. El yoga fortalecerá tu torso y facilitará una buena postura. Es posible que desees encontrar un régimen de yoga que funcione para ti y practicarlo diariamente, a primera hora de la mañana. Personalmente, hago los cinco tibetanos cada mañana, 15 minutos, 5 poses, listo para comenzar. Puedes encontrar fotos e instrucciones en línea si estás interesada.

Ahora, hablemos de manera general y breve sobre tu salud. No puedes portarte con dignidad y confianza si estás letárgica por estar sentada en tu escritorio o en el sofá todo el día. Debes adoptar un programa de ejercicios que te funcione. Recientemente, se le preguntó a un médico cuál era el mejor tipo de ejercicio para una persona. Su respuesta fue brillante: el mejor tipo de ejercicio para una persona es el ejercicio que hará todos los días.

Permíteme darte algunas opciones que, combinadas con el yoga, te ayudarán a sentirte mejor, vivir más y lograr más. Afortunadamente, no requieren un entrenador personal, membresía en un gimnasio o un conjunto de habilidades a nivel olímpico.

Pesas. El uso constante de pesas livianas (de 1 a 3 libras cada una) les dará a tus brazos algo de forma y tonificación, lo cual es bueno si te gusta usar vestidos sin mangas o golpear a tu hermano regularmente. Busca en línea una rutina fácil que mantenga tus hombros, bíceps y tríceps en buena forma. Pesas ligeras, muchas repeticiones equivalen a tonificación sin volumen. Pesas pesadas con menos repeticiones te harán ganar volumen. Usa pesas teniendo en cuenta esas realidades.

Caminar. Una caminata rápida de varias millas al día es un excelente ejercicio que no cuesta un centavo. Fortalecerá las piernas y el torso, además de beneficiar el corazón y los órganos internos. También ofrece la oportunidad de "despejar la mente", siempre que lo hagas sin auriculares en los oídos. La música puede motivarte, pero te impide ser completamente consciente de tu entorno cuando estás en público, lo que no siempre es seguro. Una buena caminata, solo con tus pensamientos y desconectado de correos electrónicos, llamadas telefónicas y redes sociales es algo bueno. Temprano en la mañana es lo mejor. Piénsalo.

Bicicleta. Es posible conseguir una bicicleta estacionaria, usada, en alguna revista de segunda mano o en una venta de garaje, que puede proporcionarte un excelente ejercicio cardiovascular en 15 a 30 minutos de conducción diaria. Si vives en un clima donde el mal tiempo puede hacer que ejercitarse al aire libre sea un desafío todos los días, piensa en esta opción. Monta todos los días, quema calorías y suda lo que sea que te esté molestando. Mira videos de superación personal en línea mientras montas para evitar aburrirte y sentir que no vas a ninguna parte. Lo estás (guiño, palmadita).

Para desarrollar y mantener un comportamiento adecuado, se requerirá disciplina. Deberás estar atenta y consciente de cómo te colocas de pie, cómo caminas y cómo te sientas. Deberás ser consistente con el ejercicio. Sin embargo, las recompensas en términos de salud y apariencia durarán toda la vida.

Nota: consulta a tu médico antes de comenzar cualquier régimen físico, luego pon tu trasero en marcha.

SER O NO SER

A continuación, abordemos el comportamiento y los gestos: si has adoptado un comportamiento de tonta, gatita sexual, militante feminista, falsa intelectual o cualquier otra persona, es hora de dejarlo. Shakespeare escribió que todo el mundo es un escenario y cada uno de nosotros juega un papel. Está bien hacer tu parte, solo sé tú misma como lo haces. Será más fácil recordar tus líneas, tomar dirección y actuar con integridad.

Comprende que las personas, no solo las mujeres, a veces se comportan de manera poco auténtica para tratar de llamar la atención, ser consideradas atractivas, ser aceptadas, protegerse después de lastimarse o porque no creen que sus personalidades genuinas sean lo suficientemente buenas. Los adultos inteligentes y conscientes ven a través de estas actuaciones superficiales y las encuentran fatigantes, incluso si simpatizan un poco con el dolor emocional que se encuentra debajo de ellas. Así que dejemos de lado las fachadas. Ten la confianza suficiente en tu ser genuino y cada vez mejor para ser quién eres sin pretensiones ni afectaciones.

Recientemente, se ha alentado a las mujeres a rechazar o enmascarar su feminidad en el lugar de trabajo y adoptar los peores comportamientos de los hombres: ser groseras, ordinarias, agresivas o dominantes. Resiste esta tentación. Sé tú misma. Sé lo mejor de ti. Usa tu feminidad para tu ventaja. La fuerza, la dignidad y la gracia son preferibles. Evita la vulgaridad. No seas desagradable ni abusiva.

Las mujeres no tienen que "tener un par" para competir con los hombres en los negocios. Tu mayor conocimiento es quién eres y el valor que tienes, intrínsecamente como persona y con las habilidades que has desarrollado como profesional. Como mujer, puedes abrir más puertas con una sonrisa que una amenaza.

Trae tu "experiencia vivida" como nutriente y donante de vida al trabajo. No tienes que ser emocional, pero ciertamente puedes ser empática. Puedes ser efectiva sin ser artificial. Trae tu perspicacia e intuición a la sala de juntas. Estos atributos "femeninos" tienen un enorme valor en los negocios, la política y la sociedad. Trae tus ideas. Trae tus instintos. Conoce tus cosas. Defiende tu posición.

Una vez más, puedes ser competente e incluso dura en los negocios (y en la vida) sin ser vengativa, despiadada, cruel, sarcástica o desagradable. Por el contrario, no tienes que actuar de manera no inteligente. Puedes ser atractiva e incluso *sexy* sin ser demasiado directa o coqueta. El legendario músico de jazz Miles Davis comentó una vez: "Las mujeres estadounidenses actúan como la televisión". Probablemente se refería a un comportamiento demasiado dramático y artificial, algo como lo que verías en una telenovela. Esta es la vida real, no la televisión. No actúes como la televisión.

Puedes ser cortés y amable y aun así enviar señales no verbales a través de tu postura, lenguaje corporal y discurso, lo que le da a los demás, especialmente a los hombres, una idea muy clara de qué comportamiento tolerarás y qué no tolerarás. Entonces, parafraseando a Shakespeare, es tu decisión descubrir tu mejor yo, ser el mejor yo y, para ese mejor yo, ser verdad.

> *"Habla el idioma de la persona en la que quieres convertirte".*
>
> —Anónimo

Defensa Propia

Lamentablemente, debo recordar que no todos los hombres reconocen las señales no verbales, ni respetan a las mujeres como deberían. La violencia contra las mujeres es un problema global que tú misma, como mujer, debes conocer personalmente.

La violencia doméstica, como su término lo indica, a menudo se refiere al abuso físico y emocional que ocurre en el hogar entre miembros de la familia. Un escenario común es que el esposo es violento con su esposa. Si te encuentras en esta situación, o incluso piensas que puedes estar yendo hacia esa dirección, hay recursos disponibles para ti, en línea, por teléfono, en la calle.

No voy a discutir la violencia doméstica en este libro. No estoy calificado, y muchos otros autores y profesionales sí lo están. Si necesitas ayuda, usa tu poder: haz clic en Internet para obtener asistencia experta, llama a un amigo de confianza o llama al 911.

El tema que discutiré brevemente es la seguridad personal y la autodefensa en áreas públicas, donde el asalto generalmente es impredecible. La verdad obvia es que los hombres son muchas veces físicamente más grandes y fuertes que las mujeres. Un hombre puede sujetar, atacar y hacer daño a una mujer, simplemente debido a esta ventaja física. Una vez más, lamentablemente, esto sucede con demasiada frecuencia.

Como mujer, debes hacerte la pregunta: "¿Sería capaz de contraatacar si me atacaran?". Como mujer moderna, trabajas, socializas y viajas, muchas veces a altas horas de la noche y/o sola. Es posible que hayas experimentado una sensación nerviosa y de hundimiento al caminar sola por la noche, en un estacionamiento aparentemente vacío o mal iluminado, o en un estacionamiento subterráneo. Otras situaciones incluyen ingresar a un edificio de apartamentos o, como profesional de bienes raíces, organizar una "Casa Abierta" en una propiedad donde tú eres la única en el sitio hasta que lleguen los posibles compradores.

Es posible que hayas estado en eventos sociales con otros asistentes cuando un hombre hace un acercamiento no deseado. Lo rechazas y él reacciona de manera amenazadora o violenta. Es posible que hayas salido de la situación, pero, cuando te vas, tienes la incómoda sensación de que alguien de la fiesta podría estar siguiéndote, a tu automóvil o tu lugar de residencia.

En esta situación, puedes enfadarte y asustarse. Eso es comprensible. Lo que no puedes hacer es culparte por el comportamiento de otra persona si reacciona mal ante tu exigencia de respeto. Lo que puedes hacer es tomar precauciones y estar preparada.

Debes saber que si un hombre ingresa a tu espacio personal sin tu permiso, tienes derecho a despejar ese espacio personal de inmediato, sin disculpas ni demoras. Además, un poco de *preparación y práctica* puede darte una idea de lo que podrías hacer en caso de que fueras atacada. Esto te dará una medida de *confianza y competencia*, lo que aumenta la probabilidad de que respondas de manera efectiva en caso de que alguien te agreda.

Más que una técnica experta, la voluntad de luchar es la prioridad con este tema. Hemos discutido no ser una víctima con respecto a tus finanzas y tu salud. Esto no es ser una víctima con respecto a tu seguridad personal. Si eres estudiante, probablemente hay clases e información que pueden ponerte al día con los conceptos básicos de seguridad personal y defensa personal. Búscalos. Presta atención. Toma nota.

Encuentra una técnica o estrategia de defensa personal que funcione para ti. Obtén instrucciones de un profesional. Practica. Ponte cómoda con la idea de protegerte. Aprende a escuchar tus instintos y síguelos.

Recuerda: estás aprendiendo a defenderte de un atacante por un período de tiempo corto e intenso. No es un combate de boxeo de 15 asaltos. Es una pelea de 30 segundos. No tienes que aprender mucho. Solo tienes que aprender a lastimar a alguien lo suficiente para que puedas liberarte de él y correr a un lugar seguro.

Las primeras líneas de defensa son: tener amigas en las que confíes cuando estés fuera; conocer el lugar del evento al que asistirás y cómo llegar a él de manera segura; y finalmente, saber quién más asistirá al evento. Si has resuelto estos tres problemas y te sientes cómoda con ellos, tendrás un buen comienzo.

Algunas otras reglas de sentido común son las siguientes:

1. Evita ponerte en situaciones peligrosas en todo momento.

2. Asegúrate de tener siempre tu teléfono móvil y que esté completamente cargado.

3. Haz que un amigo, compañero de trabajo o pariente te lleve y te espere si tienes una cita/entrevista por la noche o después de horas en un lugar desconocido.

4. No camines o trotes sola por la noche, o en un área aislada en ningún momento.

5. Nunca, jamás, vayas a un bar o asistas a un evento social y te marches sola después de tomar copas. Haz que un empleado del establecimiento o un guardia de seguridad uniformado te acompañe a tu automóvil o espera adentro cerca de la salida hasta que llegue tu taxi o Uber.

6. Siempre ten gasolina en el coche; no te quedes sin gasolina en un lugar extraño.

7. Si conduces y tu automóvil falla, sal de la carretera, cierra las puertas y enciende las luces de emergencia. Llama al 911, a un amigo o familiar y espera a que llegue la ayuda. Solo sal de tu vehículo cuando veas a alguien a quien has llamado que reconoces, o cuando veas a un agente de la ley uniformado en un vehículo señalizado.

8. Si te asaltan, sé agresiva y ruidosa. Patear, golpear y gritar puede ser toda la técnica de defensa personal que necesitas en una situación como esta.

Tómate el tiempo para hablar de defensa personal con tus amigas y colegas. Agrégalo a la lista anterior y personalízala. Aprende qué establecimientos locales (bares y clubes) son mala idea para las mujeres solteras. Obtén información de amigos de conocidos mutuos (hombres) que tienen una reputación de comportamiento no caballeroso. Evita todos estos lugares.

Como nota final, solo recuerda aprender algunos movimientos básicos que desanimarán a un atacante. No importa el tamaño de un hombre, sus ojos, garganta y parte íntima siguen siendo delicados y vulnerables. Un golpe en una de esas áreas puede ponerlo de rodillas y poner fin al altercado. Favorece las técnicas que se combinan orgánicamente con tus respuestas instintivas. Estos movimientos defensivos llegarán a ti más rápidamente y serán ejecutados por ti de manera más efectiva, si sientes que son "naturales".

Espero que aprendas a defenderte y que nunca tengas que hacerlo.

Etiqueta y Modales

Permíteme explicar primero la diferencia entre "etiqueta" y "modales". La etiqueta es el conjunto de reglas escritas que rigen el comportamiento civilizado, generalmente en la mesa y en las funciones sociales. La etiqueta se refiere a las 'reglas' que, por ejemplo, rigen qué tenedores usar mientras se come una comida de cinco platos, o dónde colocar la servilleta cuando te estás levantando para ir al baño, o dejar la mesa en la noche. La etiqueta es el lado técnico del comportamiento social adecuado.

Los modales son el aspecto más universal y más humano del buen comportamiento. Te puedes equivocar con una o dos cosas con respecto a la "etiqueta", pero, si eres sincera y cortés, te lo perdonarán. Por el contrario, puedes conocer cada detalle sobre cómo sostener tu cuchillo y tenedor y qué ponerte para un evento cuando la invitación que recibiste está grabada, no solo impresa. Pero si no eres amable, cortés, empática y generosa, no tienes "modales".

Con esa distinción, permíteme decir que casi todos necesitan mejorar su etiqueta y modales. Compra un libro sobre etiqueta (Emily Post) y léelo, luego pon en práctica lo que has aprendido.

Coloca una servilleta en tu regazo en la mesa del comedor. Mantén los codos alejados de la misma mesa de comedor. Mastica la comida con la boca cerrada. No hables con comida en la boca. A menos que estés en un restaurante indio y te sientas nativa, usa utensilios para comer. Espera a que todos se sirvan antes de comenzar a comer. En los asuntos más formales, espera al anfitrión o anfitriona para empezar a comer, o hasta que se pida a todos los invitados comenzar, antes de empezar a comer. Ten en cuenta el volumen con el que hablas y ríes.

Sobre este último tema, debo interponer una nota personal. Vivo y trabajo en París. Como estadounidense que soy, es frustrante la frecuencia con la que me encuentro en un restaurante tranquilo observando a un grupo de *estadounidenses escandalosos*. También es irritante para los europeos, que generalmente se sientan, comen y hablan tranquilamente, esperando disfrutar de su comida en paz. A medida que abrazas la filosofía de Rica de Cuna, Mujer Nueva, por favor, recuerda estar atenta al volumen en el que hablas y te ríes, en especial en público y sobre todo cuando viajas al extranjero.

No uses malas palabras. No mastiques chicle. Habla articuladamente. Busca en línea videos o libros que puedan ayudarte a mejorar tu pronunciación y vocabulario. Eleva tus estándares. Repite: eleva tus estándares.

Cuando conozcas a alguien por primera vez, sonríe de manera uniforme y sincera, preséntate y dale la mano. Asegúrate de haber escuchado su nombre y confirma si hay confusión al respecto. Mantén una distancia cómoda de la otra persona (aproximadamente un metro). Participa en una conversación cortés. Haz preguntas. Escucha. Sé sincera. ¿No tienes mucha bebida? Estarás bien.

También es importante recordar que el fundamento de los buenos modales es el uso de notas de agradecimiento. Lamentablemente, en una era de mensajes de texto y correos electrónicos, esta práctica ha caído en desgracia con muchas mujeres. Revívela. Escribe (con papel y bolígrafo) y envía por correo (a través del correo postal) una nota de agradecimiento es una expresión de gratitud, la emoción dominante del universo. Prácticamente, es una manera educada de expresar tu agradecimiento a alguien que te ha dado un regalo, te invitó a cenar o te proporcionó una referencia.

Sí, lleva tiempo sentarse, escribir, poner el sello y luego enviar una nota por correo a alguien. Ese es el punto: cuando alguien recibe la nota, apreciará que te hayas tomado el tiempo para escribirla y enviarla. La calidad del papel y el sobre es secundaria. El mantenimiento de esta tradición, la expresión formal de gratitud es esencial para ti y para la sociedad. Hazlo.

Sé Diplomática

Alguien dijo una vez que la diplomacia es el arte de decirle a alguien de una forma tan elegante que se vaya al infierno que realmente tenga ganas de ir. Como mujer, debes hacer tu mejor esfuerzo en situaciones sociales para mantener tu comportamiento digno y ser diplomática. Esta diplomacia es simplemente una cuestión de que tú establezcas las "reglas del camino" con respecto al comportamiento con cada persona que conozcas. Deberías ser justa. También debes ser inequívoca. Del mismo modo que cada diplomático es constantemente consciente de los "límites", las personas que interactúan contigo también deberían hacerlo.

Hay algunos límites para establecer en varias categorías de tu vida. Considerarlos de antemano te ayudará a ser cortés y más diplomática a la hora de responder cuando se presenten situaciones delicadas. Aquí hay algunos:

En los Negocios: ¿Te involucrarás románticamente con colegas en el trabajo? Específicamente, ¿te vas a involucrar con tu jefe o una persona en un puesto más alto? ¿Vas a hacer algo ilegal o poco ético para darte una ventaja a ti o a tu empresa? ¿Has considerado todas las consecuencias de tus acciones?

En el Amor: ¿vas a dormir con alguien en la primera cita? ¿Qué requisitos vas a pedir en alguien que quiere salir contigo? ¿Vas a ser infiel a tu pareja? ¿Vas a permitir que te sean infieles o que abusen de ti? ¿Estás bien con los riesgos?

En la Sociedad: ¿Vas a establecer estándares sobre cómo te comportas? ¿Vas a negarte a ser vista en ciertos establecimientos (digamos, no sé... tugurios, por ejemplo) o te negarás a ser vista con ciertos grupos de personas (digamos, no sé... neonazis, por ejemplo)?

Las situaciones pueden variar. Tener reglas de comportamiento bien establecidas te permitirá hacer todo lo posible para ser cortés, ser diplomática y no ser sorprendida fuera de base. Es posible que tengas algunas respuestas reservadas, por adelantado, a preguntas como: "Oye, ¿te gustaría tomar una copa después del trabajo?" o "Nos reuniremos con algunos amigos en el Randy Dandy mañana por la noche a medianoche para bailar y tomar unos tragos. ¿Quieres venir?"

Discutiremos el proceso de toma de decisiones en un capítulo posterior, pero, pensando diplomáticamente, es posible que tengas tus respuestas comunes en la punta de la lengua: "Sabes, eso no es algo que yo haga, pero gracias por preguntar". Una vez más: la mayor parte de esto se trata simplemente de que tú establezcas las "reglas del camino" sobre cómo eres tratada y qué haces y qué no haces, con cada persona que conoces, al principio, con equidad, pero sin ninguna ambigüedad. Por lo tanto, sé amigable, amable, simpática, pero comienza tus relaciones con cierta formalidad y reserva. Requiere que otros se ganen tu confianza, paso a paso. Se tú misma, pero sé tu mejor tú. A algunas personas les gustará. A otras no. Acepta esto y sigue adelante.

Recuerda: si te preocupa ser normal, nunca sabrás lo increíble que puedes ser. Así que no seas normal, pero sé diplomática.

Recuerda también: es difícil para los hombres ser caballeros si las mujeres no son damas. Entonces, dama, cuida tus modales y exige modales, respeto y el mejor comportamiento de los hombres. Estarás a la altura de las circunstancias.

Para resumir, el comportamiento es importante. Muévete con gracia y dignidad en todo momento. Esta es una combinación de estar físicamente saludable, tener una buena postura y estar centrada como persona. Estar "centrada" es el equilibrio entre ser cortés y ser firme. Deja que tu comportamiento y vocabulario reflejen este equilibrio.

La Ejemplar - Corazón Aquino

Inicialmente, Corazón Aquino era una ama de casa, más interesada en cuidar a su familia y apoyar a su esposo, el senador Benigno S. Aquino Junior, en su carrera política. Sin embargo, cuando fue asesinado en el aeropuerto de Manila a su regreso del exilio, ella ya no podía permanecer en silencio o al margen.

En una elección anticipada convocada por el entonces presidente Ferdinand Marcos en 1986, Corazón Aquino se convirtió en la primera mujer presidenta de Filipinas. Marcos inicialmente se declaró victorioso hasta que las manifestaciones pacíficas en todo el país publicitaron y denunciaron los resultados electorales fraudulentos. Corazón fue finalmente reconocida como la ganadora legítima y asumió el cargo en 1986.

Ella tomó el juramento como el undécimo presidente de Filipinas el 25 de febrero de 1986. Decidida a erradicar la corrupción, creó la Comisión Presidencial sobre Buen Gobierno, cuya tarea principal era investigar y recuperar la riqueza acumulada por el régimen anterior.

También abolió la constitución existente y nombró una comisión para redactar una nueva, que fue ratificada en 1987. En un acto de verdadera estadista, Aquino pensó primero en su pueblo: se aseguró de que la nueva constitución limitara severamente, no el poder de aquellos que podrían desafiar su gobierno, sino los poderes de su propio cargo, la presidencia.

Esto es coraje. Esto es servicio público.

> *"Estoy en un punto de mi vida en el que ya no necesito impresionar a nadie. Si les gusta como soy, qué bien, si no les gusta, qué mal".*
>
> —Corazón Aquino

"La excelencia es hacer algo común de forma poco común".

—Booker T. Washington

21 febrero, 2017 - Porto, Portugal

CAPÍTULO 11

Úsalo Bien

Hemos discutido la Preparación. Hemos discutido el Comportamiento. El aspecto final de la Presentación es tu apariencia: "Ropa y Aseo". La combinación de estos tres aspectos de la Presentación es clave mientras te preparas para este viaje. Esta parte del paquete no es menos importante; es simplemente la más visible.

La ropa y el aseo son las primeras cosas que una persona nota cuando te conoce. Los psicólogos nos dicen que una persona hará aproximadamente una docena de observaciones visuales y juicios en los primeros segundos de conocer a otra persona. Eso significa que, cuando las personas se te presentan por primera vez, antes de que digas una sola palabra, han captado e interpretado más de diez señales visuales sobre ti según tu apariencia. Han visto cómo te has vestido, si has hecho algún esfuerzo para vestirte, qué tan bien has ejecutado ese esfuerzo y qué tan bien vestida estás para la ocasión. También considerarán qué tan bien o mal te has peinado y maquillado, la pulcritud y calidad de tu ropa, y tu postura y compostura.

Estas observaciones se interpretan, se les da significado y valor, y luego, nos guste o no, se sacan conclusiones sobre ti. Probablemente sea injusto, pero ciertamente es así: la gente juzga un libro por su portada, y a una persona por su apariencia. Las personas que conoces igualarán el esfuerzo que has puesto en tu apariencia como aproximadamente equivalente a:

- la cantidad de respeto que tienes por ti misma;
- el respeto que tienes por ellos y el valor que has asignado para cumplirlos; y/o
- la importancia que le asignas al evento en el que se realiza esta reunión.

Para aprovechar al máximo estos momentos, es importante evaluar objetivamente cómo te ves, no solo a ti misma en el espejo, sino a los demás en público. Tu viaje para descubrir la mejor manera de presentarte será encontrar el "*look*" que eres "tú", cualquiera que sea la ocasión.

Identificarás y refinarás este "aspecto" de forma más rápida, fácil y menos costosa si conoces tu cuerpo y sabes lo que te queda bien, sin importar las tendencias o las modas pasajeras. Mira fotos de tu pasado. Critica tu aspecto de hace un año, hace cinco años, hace diez años. Nuevamente, encuentra el aspecto que te funcione y refínalo.

Hay algunos conceptos básicos inevitables de este proceso. Incluyen ropa y zapatos de calidad, bien mantenidos, un buen corte de pelo sin un trabajo salvaje de estilo y tinte, y una manicura clásica: uñas que no se descuidan ni son demasiado artificiales.

Una clave fundamental de Rica de Cuna, Mujer Nueva para "vestirse bien" es "vestirse adecuadamente". Esto es simplemente para saber que lo que usas generalmente depende del evento al que asistirás o de la actividad en la que participarás.

Antes de entrar en detalles, un punto final: cuando te vistes, es importante considerar tu guardarropa como un "conjunto", esta palabra significa "juntos". Así que, si quieres lucir bien, mira las prendas que usas como miembros de un equipo. Una Mujer Rica de Cuna sabe que este equipo, coordinado de pies a cabeza, trabajará en conjunto para proyectar una sola imagen, una que haga una buena *presentación* y que sea *apropiada* para la ocasión.

Lugar Exacto, Momento Exacto

Con estas ideas en mente, consideremos algunos escenarios u ocasiones familiares, con algunos conjuntos que son apropiados para cada una.

La *Entrevista de Trabajo Profesional*... en la que el objetivo es ser contratada y progresar en tu carrera. Si te presentas para una entrevista de trabajo en una importante corporación en pantalones vaqueros y un suéter demasiado ajustado, probablemente no importa qué títulos tengas. El ejecutivo de recursos humanos sentirá que no le das ningún valor a la reunión, o que no tienes ni idea. De cualquier manera, no se tomarán el tiempo para considerarte en serio. No te considerarán en absoluto.

Recuerda que, aunque los códigos de vestimenta corporativos se han relajado en el "viernes informal" en algunas compañías, los códigos de vestimenta para las entrevistas siguen siendo formales. Los estándares profesionales aún se aplican. De la misma manera, el atuendo de entrevista apropiado para una compañía puede diferir del atuendo diario usado por los empleados en la oficina de esa compañía. El hecho de que los empleados se vistan con un atuendo "casual de negocios" cuando llegan al trabajo no significa que tú te presentes en "casual de negocios" para una entrevista de trabajo.

Este escenario es el dominio del traje azul marino, negro o gris oscuro con falda. Algunas mujeres usarán trajes con pantalones. Conoce tu industria y la empresa con la que estás entrevistándote antes de deshacerte de la falda y ponerte pantalones. Una blusa blanca y zapatos de tacón o zapatos cerrados negros o azul marino completan el *look*.

Un *Evento Social Informal...* en el que el objetivo es ponerse al día con amigos y conocer gente nueva, construir relaciones y divertirse. Si una tarde te presentas en una fiesta en la piscina del vecindario con un vestido negro corto, cabello suelto, rímel industrial y tacones de aguja, atraerás la atención de los asistentes masculinos, pero probablemente no del tipo que deseas. No te has vestido apropiadamente para la ocasión. Es probable que otros invitados piensen que te falta un hervor, o que has adquirido una nueva profesión, al menos a media jornada. Al igual que con todas las opciones de vestimenta y aseo personal, conoce el evento, conoce al anfitrión, conoce a la multitud.

El *Almuerzo Informal* es el momento y el lugar para una blusa de algodón o lino, una camisa de esmoquin para hombres, pantalones de algodón o de lino o pantalones caqui, y zapatos casuales. Lleva un suéter o un chal en caso de que el restaurante esté realmente orgulloso de su aire acondicionado. Los zapatos casuales no son los deportivos. Los zapatos planos o elegantes y simples son mejores que las sandalias y son mucho más preferibles que unas sandalias espantosas o las gruesas Birkenstock. (Por favor, dile "No" a los Ugg). Los vaqueros son aceptables si no están rotos y no revelan demasiado. Usa tacones para vestirlos. Mostrar la piel entre la blusa y los pantalones debe reservarse para el lago, la playa o la piscina en un *resort*.

La *barbacoa*, en una residencia durante las horas del día, es el momento perfecto para una simple camiseta de verano de algodón o lino, con pantalones de algodón o lino (largos o cortos), vaqueros y unas sandalias o zapatos planos casuales. Una vez más, no zapatillas, chanclas o Birkenstocks, y de nuevo un suéter, si lo necesitas cuando se ponga el sol.

La *Introducción Importante* es un poco más formal. Un ejemplo diurno... Digamos que llegas a conocer a los padres de tu novio por primera vez. Te has vestido con un vestido limpio, modesto y bastante tradicional, o blusa y falda, con suéter y zapatos de tacón. Ese es un buen comienzo. Es un conjunto apropiado para el lugar, ya sea una residencia, un restaurante o un club de campo. Te has vestido para ser considerada con tu novio, que está nervioso a más no poder. También transmites respeto a sus padres, que pueden convertirse en miembros de tu familia en el futuro. Y te has vestido para comunicar que te respetas a ti misma. Te sientes bien contigo misma. Los potenciales suegros están impresionados. Y tu novio está agradecido. Regla fácil: dite a ti misma "Si la situación se invirtiera, ¿cómo me gustaría que alguien se vista o se comporte por mí?"

Una *Salida Nocturna* puede ser una cena en un restaurante, cócteles en la ciudad o una elegante cena en una residencia. Esto requiere el vestido negro simple. Simple no significa desaliñado o aburrido. El vestido debería halagarte. Si está bien hecho y bien adaptado, te quedará bien durante años y nunca pasará de moda. No es demasiado escotado en el frente y no es demasiado corto, por favor. Los accesorios pueden incluir un chal acogedor, una bufanda colorida, un bolso clásico, perlas de abuela o una sola joya.

¿Por qué es importante vestirse bien? Porque quieres que tu apariencia haga una contribución positiva a tu imagen, no que sea negativa o una distracción. Deseas dar a las personas una oportunidad justa de conocerte por lo que eres (situaciones sociales), o lo que puedes contribuir (situaciones de trabajo), desde un punto de partida neutral o preferiblemente positivo. Vestirte con buen gusto también es un reflejo de lo que está sucediendo dentro de ti. Comunica lo que piensas de ti misma.

Tu apariencia debe comunicar visualmente que te respetas a ti misma y que requieres que otras personas te respeten, antes que nada, antes de que emitan cualquier otro juicio sobre ti. Esto es especialmente cierto con una primera impresión. Tienes que hacer que vestir bien (no necesariamente vestirse) sea un hábito.

Advertencia: si eres músico, artista o escritora, o trabajas en la industria de la moda, estoy desperdiciando completamente mi aliento/tinta/papel aquí. Te vestirás para expresarte (artista), o apenas te vestirás porque realmente no podría importarte menos (escritor o músico), o te vestirás para impresionar (moda). Cuando ingresas al aspecto de entretenimiento de cualquiera de estas carreras, a veces te vestirás para comunicar una imagen y promocionar tu marca. Esto se llama "vestuario". Es ropa para una actuación. Recuerda que también necesitas vivir una vida real y vestirte para eso.

En pocas palabras: si deseas mostrar respeto a las personas que te importan o un evento importante, debes saber cuál es la ocasión y vestir de la manera adecuada.

Cita de Ricos de Cuna: "Viste vulgar y solo verán el vestido, viste elegante y verán a la mujer".

—Coco Chanel

Aspectos a Recordar

Si crees que necesitas asesoría para desarrollar un estilo o una apariencia, te sugiero que comiences investigando, luego toma tiempo para pensar y considerar, luego avanza lentamente en las compras. Evita la publicidad, los blogs de moda y las revistas de moda. Evita las listas de "las mejores vestidas", ya que generalmente están compuestas por celebridades que tienen estilistas para vestirlas y publicistas para promocionarlas. Como ya dije, muy pocas compran su propia ropa o tienen un estilo propio.

En su lugar, busca fotos en línea de Jacqueline Kennedy Onassis, Michelle Obama, Christiane Amanpour, Amal Clooney, Katherine Hepburn, Audrey Hepburn, Sophia Loren y la princesa Diana. A menudo se hace referencia a estas mujeres como "iconos de estilo" porque la mayoría de las veces se han vestido de una manera clásica y refinada que trasciende las épocas en las que vivían. Cada una de ellas expresa su propio estilo individual, independientemente de la ocasión. Al mirar sus fotos, rápidamente podrás discernir qué conjuntos usaron que permanecen en el tiempo. Céntrate en los atuendos atemporales e implementa ese estilo, no solo en la prenda en sí, si no en tu armario. Como las mujeres vienen en diferentes tamaños y formas, te animo a que busques el ícono con tu tipo de cuerpo y analices cómo sacaron el máximo provecho de su apariencia.

Para la Mujer Rica de Cuna, las palabras clave del estilo son simplicidad y elegancia, en ese orden. Menos realmente es más. Tú llevas la ropa. La ropa no debe llevarte a ti. La funcionalidad y la comodidad son parte integrante de tu armario hoy día. La ropa debe quedar bien y usarse bien. Debe durar años, no solo para esta temporada de moda. Debe ser apropiada para la vida que llevas a diario. No es probable que pasen de moda.

Oscar Wilde dijo una vez que la moda es algo tan malo que debe cambiarse cada seis meses. Escucha al señor Wilde. Evita la moda como la peste. Investiga y desarrolla tu estilo. Mantenlo simple. Mantenlo tradicional. Mantenlo elegante. En caso de duda, inclínate hacia lo conservador. Menos es más. Menos es más. Menos es más.

Nota: Las Mujeres Ricas de Cuna consideran su ropa como *inversiones*. Con eso en mente, podrías considerar un 5% mensual "reservado" de tu salario neto para invertir en tu guardarropa a medida que estén disponibles buenos valores en piezas clásicas. Esto no es para compras impulsivas: es para invertir de forma deliberada y estratégica en piezas que durarán décadas: un enfoque lento para construir un armario clásico. Estate atenta a las rebajas de fin de temporada. No te sientas obligada a comprar algo todos los meses. Mantén el dinero de tu guardarropa "reservado" separado de tus fondos regulares de ahorro e inversión. Sé paciente. *Invierte sabiamente.* Luce fabulosa.

La Ejemplar - Coco Chanel

Coco Chanel es la fundadora y homónima de la icónica marca de moda Chanel. También es reconocida como la primera influente en la moda femenina, así como la primera persona en tomar una selfi.

Glamorosa como su vida posterior apareció al público, no comenzó de esa manera. Después de la muerte de su madre, la joven Gabrielle fue enviada a un orfanato. La vida de los niños allí fue dura y el alojamiento espartano. Sin embargo, allí aprendería a coser, una habilidad que cambiaría su vida y el mundo de la moda.

El éxito llegó pronto después de que ella elaborara un vestido a partir de un jersey de punto extragrande. Cuando varias personas le preguntaron de dónde había sacado el vestido, al ser una mujer de negocios inteligente, aprovechó la oportunidad y ofreció hacerles vestidos. El corte era elegante, la elección de color era audaz para ese momento, asociada solo con períodos de luto. Pero Mademoiselle Chanel tuvo una visión, y nació el "pequeño vestido negro".

Al declarar que "el lujo debe ser cómodo, de lo contrario no es lujo", liberó a las mujeres de las limitaciones de la "silueta con corsé" e introdujo un estilo deportivo y casual como el estándar de estilo femenino inmediatamente después de la Primera Guerra Mundial. El estilo clásico y cómodo de vestir que ha perdurado durante casi un siglo la hizo famosa en todo el mundo y muy rica. Aun así, ella no estaba satisfecha.

En la década de 1920, Coco Chanel, como se la conocía entonces, lanzó su primer perfume, Chanel No. 5, el primero en presentar el nombre de un diseñador. El perfume "es el accesorio invisible, inolvidable y definitivo de la moda... que anuncia tu llegada y prolonga tu partida", explicó una vez.

Mademoiselle Chanel, una prolífica creadora de moda, extendió su influencia más allá de la ropa de alta costura, ampliando su estética de diseño para incluir joyas y accesorios, muchos de ellos marcados con su famoso monograma de CC entrelazado.

La depresión de la década de 1930 y el estallido de la Segunda Guerra Mundial la obligaron a cerrar su próspero negocio. Los rumores de su relación romántica con un oficial militar nazi durante la ocupación dañaron gravemente su reputación. Si bien nunca se les acusó formalmente de colaborar, los cargos resonaron con los ciudadanos franceses. Fue condenada en el tribunal de opinión pública y se exilió a sí misma en Suiza. Pero ella no había terminado.

A los 73 años, regresó triunfante al mundo de la moda con una línea de diseños atemporales que cautivó al público, incluso si inicialmente fueron reprochados por los críticos. Trabajó sin descanso hasta su muerte en París a los 87 años.

Si amas la moda y crees que podrías querer una carrera en el campo, o si quieres "comenzar de nuevo" a cualquier edad, lee más sobre la vida de Coco Chanel.

"Yo no hago moda, yo soy moda".

—Coco Chanel

"No puedes descubrir nuevos océanos a menos que tengas el coraje de perder de vista la costa".

—André Gide

21 Noviembre, 2016 - Verona, Italia

CAPÍTULO 12

La Mejor de tu Clase

Yo lo llamo el estilo de los ricos de cuna. A menudo se le llama "pijo", a veces "Estilo Ivy", en referencia a las escuelas de la Ivy League en la región noreste de los Estados Unidos, donde este modo de vestir se originó hace casi un siglo. Como se llame, es la forma en que las mujeres ricas de cuna se han estado vistiendo durante décadas.

Esta forma de vestir tradicional, cómoda, discreta y elegante ha perdurado, ajena a los vientos de la moda. Sigue siendo un punto de referencia. Úsalo como tu Estrella del Norte, en caso de que te encuentres perdida en la dirección del vestuario. Se trata exclusivamente de telas naturales, se inclina hacia colores sólidos y te servirá extremadamente bien en el transcurso de tu vida.

Si adoptas este estilo, es posible que las personas no se den cuenta de lo que llevas puesto en un día específico, pero con el tiempo llegarán a considerarte como siempre 'bien vestida', independientemente de si te ven en la oficina, en el vecindario, o en un evento social.

De nuevo: la forma en que te vistes es comunicación no verbal. Cuando optas por vestirte como una mujer rica de cuna, tu estilo está comunicando algunas ideas importantes a los demás sobre ti: estás segura de tu futuro, lo suficientemente segura como para no tener que llamar la atención estrictamente con tu ropa, independiente en tu pensamiento, y sin pedir disculpas por tus valores. Transmites la idea de que tus atributos son mucho más profundos de lo que parece, y que, para descubrir cuáles son, alguien tendrá que interesarse y hacer un esfuerzo por conocerte. No te exhibes para diversión, entretenimiento o aprobación de nadie.

Además, te estableces como una persona no influenciada por las tendencias pasajeras, alguien que no necesita la última moda para apuntalar su autoestima. Te estás presentando como alguien con autoestima y valores tradicionales, lo contrario a estar de adorno. Todas estas cosas funcionarán a tu favor cuando hagas una primera impresión y crees una apariencia que transmita cómo esperas ser tratada: de manera justa y con respeto.

Algo al azar para tener en cuenta: has visto fotos familiares de diez, veinte o treinta años. Las modas capturadas en estas imágenes pueden ser horribles y cómicas. Eso es porque son modas. No son de estilo. ¿Sabes quién no se ve tonto? Las mujeres ricas de cuna. Porque se visten con el mismo estilo durante décadas, de generación en generación, de la cuna a la tumba.

~ SECRETO DE LOS RICOS DE CUNA ~

La forma en que una mujer se presente al mundo determinará en gran medida cómo es tratada por el mundo y qué resultados obtiene del mundo. La presentación incluye preparación, comportamiento y modales, y vestimenta y aseo personal.

* * * * *

La Lista Corta

Si eres estudiante universitaria o recién estás comenzando tu carrera, quieres mantener tu estilo simple, económico y clásico. Aquí hay una breve lista de los conceptos básicos que puedes adquirir para presentarte con estilo durante décadas:

1. Manga larga blanca o azul cielo, 100% algodón y blusas de lino;
2. Jerséis de manga corta de algodón 100% liso;
3. Suéteres de punto liso o cárdigan, 100% lana o 100% algodón;
4. Pantalones largos y cortos 100% lino o algodón en colores lisos;
5. Pantalón gris, negro o azul marino 100% lino o lana/cachemir;
6. Faldas grises, negras o azul marino 100% lino o 100% lana;
7. Un clásico vestido negro, de longitud media;
8. Zapatos negros de tacón alto con puntera cerrada, para oficina o vestido;
9. Zapatos de salón azul marino o color pálido marrón con tacón grueso para caminar cómodamente;
10. Mocasines, sandalias, *loafers*, para una ocasión casual;
11. Calcetines de lana y calcetines y medias de algodón, neutros, azules o negros;
12. Chaqueta azul o negra;

13. Traje de negocios azul, negro o gris de buena calidad;
14. Abrigo 100% de lana de color azul marino, gris o marrón camel para invierno;
15. Una gabardina estilo "London Fog" para la lluvia.

Ralph Lauren Polo, Brooks Brothers, LL Bean y Lands' End ofrecen estos artículos en una gama predecible de calidad y estilos, y en una amplia variedad de precios. Recuerda el Orden de las Cosas de los Ricos de Cuna: *Planifica*... con antelación. *Gana*... como un hombre. *Ahorra*... consistentemente. *Invierte*... estratégicamente. *Gasta*... sabiamente. *Planifica. Gana. Ahorra. Invierte. Gasta.*

Mientras elaboras estrategias para crear o recrear tu guardarropa, recuerda: estás invirtiendo en ti misma. Invierte en productos de calidad en estilos tradicionales porque resisten el paso del tiempo. Ten en cuenta estos consejos útiles:

- Toma tu tiempo; deja que tu estilo se desarrolle;
- Recuerda y sigue la regla del "5% reservado";
- Evita los logotipos o mantenlos pequeños y al mínimo;
- Prioriza tu compra: primero compra los artículos que usarás todos los días;
- En términos de calidad/precio, la mayoría de las veces obtendrás lo que pagas;
- Busca artículos que se usen bien con el tiempo, tanto en términos de estilo como de durabilidad;
- Compra en tiendas *vintage* exclusivas y obtén excelentes ofertas en prendas clásicas de alta calidad y bien mantenidas.

Lo Real

Una joya impresionante, de buen gusto y original es un accesorio que realza la belleza natural de la mujer. Las mujeres ricas de cuna lo saben y mantienen las joyas al mínimo. Sigue su ejemplo: mantén el brillo al mínimo. Asegúrate de que sea apropiado. Poco hace mucho. Hermosas piezas hechas con materiales de calidad. Debes saber que las joyas o accesorios falsificados son obvios para los ojos refinados y deben evitarse. Me siento muy convencido por esto por dos razones.

Primero, falsificar marcas de nombre es un crimen. Es lucrativo. Es global. Es violento. Y victimiza no solo a las mujeres que compran los artículos falsos, sino también a las mujeres a menudo abusadas que trabajan en condiciones infernales por salarios esclavizantes para producir la mercancía. Así que, teniendo esto en cuenta, puedes decidir si deseas participar en esta economía manchada de sangre para impresionar a los que se impresionan fácilmente.

En segundo lugar, te diré que las mujeres ricas de cuna tienen un radar nítido: pueden detectar un bolso falso de Louis Vuitton desde el otro lado de la calle. Además, consideran la exhibición de mercancías falsificadas como un intento desesperado de impresionar y como una disposición a engañar. Nada de esto es atractivo. Ninguna de las dos cosas se tolera. Por lo tanto, no vengas a llorar cuando te hayan destituido por tener un ejemplar falsificado.

En las palabras del clásico éxito de Motown... no hay nada como lo auténtico, cariño. Un reloj Cartier auténtico o un Rolex de acero inoxidable dice mucho más que una llamativa exhibición de diamantes o circonita. De nuevo: compra piezas genuinas y de calidad que perduren con el tiempo (a diferencia de las falsificaciones, son una inversión inteligente y durarán toda la vida). Los anillos, collares y relojes extravagantes tienen su lugar. Aun así, incluso las mujeres más ricas del planeta optan por un lujo discreto cuando se trata de joyas para usar a diario.

Piercings y Tatuajes

La Mujer Rica de Cuna siempre es chic. Cabe señalar que cuando se perfora las orejas es solo una vez en cada lóbulo de la oreja. Creo que esta es una opción elegante y refinada. Las perforaciones en las fosas nasales, las cejas y los ombligos a menudo restan valor a la belleza de una mujer en lugar de realzarla, en mi opinión.

No es sorprendente que yo no crea que los tatuajes sean adecuados para nadie, especialmente para las mujeres. Sin embargo, casi la mitad de los estadounidenses entre las edades de 18 y 35 años tienen tatuajes. Tampoco sorprende que casi una cuarta parte de los encuestados admitió que lamentan la decisión.

Siéntete libre, por un momento, de descartar el hecho de que no me gustan los tatuajes. No dudes en descontar el hecho de que vas a gastar dinero en algo y no obtendrás nada tangible a cambio. Siéntete libre de descartar el hecho de que muchas personas en puestos de toma de decisiones no tienen una impresión favorable de los tatuajes (varias investigaciones confirman que esto es cierto). No dudes en descontar la probabilidad de que no tengas una impresión favorable de tu tatuaje dentro de cinco años (investigaciones confirman que esto será cierto). No dudes en descartar el hecho de que las mujeres ricas de cuna nunca sueñan con hacerse un tatuaje (confía en mí esta vez).

Ahora olvídate de todo lo anterior. Simplemente no descartes tu propia salud. ¿Salud? Sí, salud. La mayoría de las mujeres no piensan en los riesgos para la salud asociados con los tatuajes o, de igual forma, el "maquillaje permanente". Míralo de esta manera por un momento: antes de inyectarse alguna sustancia extraña en sus cuerpos, muchas mujeres, solo por sentido común, visitan a su médico y obtienen su opinión antes del procedimiento. ¿Cómo se desarrollaría este encuentro? Solo imaginemos...

"Buenos días", dice tu doctor, cuando entras a la consulta.

"Buenos días", respondes.

"¿Qué tal estás?"

"Bien, gracias". Vas directa al grano. "Estaba pensando en hacerme un tatuaje, y quería saber si había algún problema de salud con eso".

"Ah", responde el buen doctor, mientras se inclina hacia un gabinete y saca un archivo grueso con la etiqueta "Tatuajes". Deja caer el tocho de papel sobre el mostrador con un golpe. "Decisión inteligente la de venir antes y no después". Ella es una doctora súper calificada, pero es contundente como un mazo.

"Bueno, hay cosas habituales con las que trato, irritaciones crónicas de la piel, cicatrices, infecciones y quemaduras. Luego está la tinta tóxica que a veces se usa, que puede afectar tu sistema inmunológico y alterar las interpretaciones de las muestras de patología".

Actúas con calma como si supieras qué son las "interpretaciones de muestras de patología", pero rápidamente supones que "alterarlas" probablemente no sea algo bueno.

"Solo el 20% de las tintas para tatuajes contienen compuestos cancerígenos", se encoge de hombros, como si estuviera calculando las probabilidades en una ruleta que juega con tu salud, no con la suya. "Pero esos mismos carcinógenos se encuentran en el 83% de la tinta negra, que es la tinta más común utilizada en los tatuajes".

"Eeeewwww", quieres quejarte, pero no lo haces porque empleas todo tu esfuerzo solo para evitar que tus labios se curven con disgusto.

"Esas son estadísticas del gobierno, no mías", dice la Doctora No, como la llamamos ahora, casualmente. "Los estudios recientes que he leído han encontrado bario, mercurio, cobre y una serie de otros químicos peligrosos en la tinta para tatuajes..."

Tu mente se asocia libremente como una rata de laboratorio con cafeína en un laberinto: la última vez que escuchaste la palabra "bario" fue seguida por el "enema" mundial; "Mercurio" fue seguido por "envenenamiento", y "cobre" fue seguido por... "plomería", que no fue tan malo, pero no importa. La Dr. No todavía está leyendo el archivo y divagando sobre...

"... Aún más, se ha determinado que los ingredientes *enumerados* en las etiquetas de los contenedores de tinta para tatuajes y los ingredientes que realmente se *encuentran* en los mismos contenedores son sustancialmente diferentes, con frecuencia. Lo cual es un poco desconcertante..."

¿Qué *piensas?* Ya estás a punto de gritar.

"La Administración de Alimentos y Medicamentos de Estados Unidos tiene hallazgos recientes sobre pigmentos de tinta para tatuajes en los que descubrieron que muchas tintas son de "grado industrial", es decir, adecuadas para impresoras y pintura de automóviles, pero no para seres humanos. Ahora se están realizando estudios sobre cómo estos químicos se descomponen en el cuerpo y afectan la salud", continúa, ojeando más documentos en el archivo.

Intentas evitar hundirte en la silla. "Y hay otros problemas", exhala la Dra. No, ahora una experta en tatuajes confirmada, "la forma en que las tintas a base de metal aumentan la probabilidad de quemaduras inducidas por resonancia magnética".

¿Quemaduras?

"Si tienes un problema médico en el futuro, y necesitas solicitar una resonancia magnética para diagnosticar algo más a fondo, puedes experimentar una reacción pobre debido a los tatuajes de tinta a base de metal que te has hecho. Además, mis colegas de Ginecología y Obstetricia están encontrando tinta de tatuaje en muestras de biopsia realizadas en los ganglios linfáticos, y luego están las infecciones de hepatitis C, que son diez veces más infecciosas que el VIH... transmitidas a través de agujas de tatuaje..."

Ahora solo está leyendo la lista de la compra, arqueando las cejas lacónicamente como si dijera: "Oh, me había olvidado de esa miserable posibilidad". Hace una pausa para beber un poco de agua, luego vuelve de nuevo al archivo para decirte más, pero tú ya has salido de su consultorio.

¿Por qué? Porque ya has decidido que no hay manera de que te hagas un tatuaje.

Aspectos a Recordar

Hemos concluido nuestra discusión sobre Preparación, Comportamiento, y Ropa y Aseo. Estos son los tres componentes importantes de la Presentación. La Presentación es la manera o el estilo en el que algo (o alguien) se presenta, comunica o revela a los demás. La forma en que te presentas comunica ideas a los demás. Has de saber qué ideas estás comunicando.

Tu presentación general implica preparación, qué tan bien preparada estás para la tarea o evento que tienes delante; Comportamiento, cómo te portas y te comportas; y tu Ropa y Aseo personal, cómo te vistes y cómo te mantienes. Estas son áreas que, incluso en las mejores mujeres, requieren atención y mejoras constantes.

Incluso a una edad temprana, es importante hacer el esfuerzo de presentarse constantemente bien. Obtendrás mejores resultados en el mundo y el hábito contribuirá a tu calidad de vida. También influirá en tu sensación general de bienestar. A medida que madures y llegues a saber quién eres realmente, será más fácil presentarte bien. Verte lo mejor posible y hacerlo lo mejor posible será una forma de honrar quién eres y reclamar quién quieres ser.

Este viaje de descubrimiento es la mejor manera de encontrar el "estilo" que eres "tú". Te aferrarás a este "aspecto" más rápido, fácil y menos costoso a medida que refines y adoptes tus gustos y estilo, y evalúes tu cuerpo y lo que te queda bien, sin tener en cuenta las tendencias o las modas pasajeras.

Mira fotos de tu pasado. Critica tu aspecto de hace un año, hace cinco años, hace diez años. Nuevamente, encuentra el aspecto que te funcione, sé la dueña, consérvalo y piensa mucho en cambiarlo.

Presentarte bien atraerá a una mejor calidad de personas a tu vida. También afectará la forma en que te tratan una vez que están en tu vida. La gente es maravillosa, pero la gente es humana. La mayoría te tratará con respeto, pero no tientes al lado humano presentándote como alguien que puede ser tratada casualmente o con falta de respeto.

Las Ejemplares - Jackie Kennedy, Katherine Hepburn y Audrey Hepburn

Tres Ejemplares cierran este capítulo, cada una con un estilo único, todas con gracia. Cada una hizo contribuciones significativas a nuestro mundo y a nuestra cultura.

Jackie Kennedy - Después de asistir a Vassar, la Sorbona y la Universidad George Washington, Jacqueline Bouvier Kennedy Onassis consiguió su primer trabajo trabajando como reportera para el *Washington Times-Herald* en 1952. Como "Fotógrafa Investigadora" del periódico, deambulaba por las calles de la capital de la nación preguntando a extraños sus opiniones sobre temas actuales.

Poco después, conoció y se casó con Jack Kennedy, un senador de Massachusetts. Cuando fue elegido presidente de los Estados Unidos en 1960, ella se concentró en el estilo y el diseño para reformar la decoración en mal estado de la Casa Blanca. Después de gastar su presupuesto de $50,000 en cuestión de días, creó el Comité de Bellas Artes para la Casa Blanca, cortejó a donantes privados y se puso a trabajar en la adquisición de piezas de muebles históricamente significativos de museos y coleccionistas.

Pronto transformó la mansión presidencial en un espacio más elegante adornado con antigüedades de buen gusto, así como artefactos invaluables que alguna vez fueron propiedad de personas como George Washington y Abraham Lincoln. En 1962, realizó un recorrido televisado a nivel nacional por la renovada Casa Blanca. La actuación le valió un Premio Emmy especial y ayudó a consolidar su estatus de celebridad.

En 1975, cuando la estación de tren Grand Central Terminal de la ciudad de

Nueva York se derrumbó y corría peligro de ser demolida, reunió sus considerables recursos y salvó un tesoro arquitectónico y cívico.

Hoy, Jackie, como la conocerán para siempre millones de mujeres, es ampliamente reconocida como una de las mujeres más elegantes del siglo XX. Como Mujer Rica de Cuna, siempre se vestía con un estilo clásico y discreto, y se llevaba con dignidad y gracia, incluso en las circunstancias más difíciles.

> *"Tienes que hacer algo que disfrutes. Esta es una definición de felicidad".*
>
> —JACKIE KENNEDY

Katherine Hepburn - Nacida en una familia Rica de Cuna de Connecticut, Katherine Hepburn comenzó a actuar mientras estaba inscrita en Bryn Mawr College. Las sólidas críticas por su trabajo en Broadway llamaron la atención de Hollywood, y se fue a Los Ángeles.

Sus primeros años en la industria del cine estuvieron marcados con éxito, incluyendo un Premio de la Academia por su tercera película, *Gloria de un día* (1933). Para 1938, sin embargo, había protagonizado una serie de fracasos de taquilla y su carrera languideció. Nunca se dio por vencida e ideó su propio regreso. Después de haber invertido sabiamente y ahorrado su dinero, compró su propio contrato a RKO Radio Pictures y luego adquirió los derechos cinematográficos de *Historias de Filadelfia*. Posteriormente vendió los derechos del estudio con la condición de que ella fuera la estrella. (Reconociendo la importancia de ser la dueña de su propio destino, conociendo la industria en la que trabajaba y escuchando su propia voz, invirtió en sí misma y en su futuro, Brillante.

Recibió tres Óscar más por su trabajo en *Adivina quién viene a cenar* (1967), *El león en invierno* (1968) y *En el estanque dorado* (1981).

A lo largo de su carrera y vida, evitó la escena social de Hollywood y rechazó su máquina publicitaria. Ella era inteligente, articulada, abierta, asertiva, atlética y una pensadora independiente. Llevaba pantalones antes de que estuviera de moda que las mujeres lo hicieran. Con su estilo de vida poco convencional y su estilo único, ella era el epítome de la "mujer moderna", muy por delante de su tiempo.

Cuando definas y refines tu propio estilo personal, inspírate en esta Mujer Rica de Cuna. Revisa las fotos de Katherine Hepburn. Te servirán bien.

> *"Sin disciplina, no hay vida en absoluto".*
>
> —Katharine Hepburn

Audrey Hepburn - Audrey Hepburn se convirtió en una estrella de cine durante la noche en 1953 después de protagonizar *Vacaciones en Roma* con Gregory Peck. Ella fue la primera actriz en ganar un Premio de la Academia, un Globo de Oro y un Premio BAFTA por una sola actuación.

Fuera de la pantalla, se destacó por sus elecciones de moda clásicas y su aspecto distintivo. Su influencia como ícono de estilo continúa aún hoy, décadas después del apogeo de su carrera como actriz.

Sin embargo, ella era más que una cara bonita. Después del final de la Primera Guerra Mundial en la década de 1950, Audrey narró dos programas de radio para UNICEF (Fondo de Emergencia Internacional de Niños de las Naciones Unidas) que volvieron a contar historias de guerra de niños y, en 1989, fue nombrada Embajadora de Buena Voluntad de UNICEF.

Ella actuó menos en la vida posterior, viviendo una vida privada y dedicando gran parte de su tiempo a la caridad. Recibió la Medalla Presidencial de la Libertad en reconocimiento a su trabajo con UNICEF, así como el Premio Humanitario Jean Hersholt por su contribución para hacer del mundo un lugar mejor.

En 2002, en la Sesión Especial de las Naciones Unidas sobre la Infancia, UNICEF honró su legado de trabajo humanitario al presentar una estatua, "El espíritu de Audrey", en la sede de UNICEF en Nueva York.

Millones la recuerdan por su radiante sonrisa, su infatigable espíritu y su generosidad sin límites. Al considerar estas características de una Mujer Rica de Cuna, y al montar un armario clásico, revisa las fotos de Audrey Hepburn.

> *"¡Nada es imposible, la palabra misma lo dice 'Soy posible'!"*
>
> —Audrey Hepburn

"Vigila a las personas en tu cabeza".

—Anónimo

31 Mayo, 2017 - Santuario de la Pelegrina - Sahagún, España

CAPÍTULO 13

Víctimas de la Moda

Las Mujeres Ricas de Cuna son sabias con todos los intentos realizados para separarlas de su dinero, marginar su valor o minimizar sus oportunidades. No se dejan ser víctimas de nada ni de nadie. Nunca. No discriminación, no violencia, no costumbres sociales obsoletas.

No son víctimas de estas fuerzas externas, ni se victimizan a sí mismas.

Un aspecto de la victimización que evitan, y que evitarás, es la condición autoimpuesta de ser una "víctima de la moda". Veamos algunas categorías de "víctimas de la moda".

La Víctima Básica de la Moda: Esta es la mujer que se viste de una manera demasiado moderna, demasiado provocativa, extremadamente inapropiada o simplemente insípida, en un intento de estar "a la moda". Como resultado, se ve ridícula, insegura, despistada y muy fácilmente influenciada por las tendencias pasajeras. Por ejemplo, una mujer mayor que viste una minifalda y un top de corte bajo como si tuviera 18 años nuevamente puede ser una víctima de la moda. Una joven de 16 años que intenta vestirse como una divorciada con tres *Gin Tonic* encima, con cabello de punta y rímel industrial puede ser una víctima de la moda.

Sin embargo, este paso en falso no se trata realmente de la edad: generalmente ocurre cuando una mujer no tiene una idea de quién es o se ha subestimado a sí misma. Este fracaso de vestuario siempre es digno de vergüenza, a veces humorístico y, a menudo, triste. Nota: No me burlo de las personas que se visten con su propio estilo único o están en camino de refinar su estilo. Otras personas no son tan amables y sin prejuicios. Presta atención, piensa y mira a la vez. Evita ser una víctima básica de la moda. (Recuerda las palabras de Coco Chanel, quien señaló: "La moda dice: Yo también. El estilo dice: Yo sola").

Según la mayoría de los estándares, este tipo de "victimización" parece bastante benigno. Permitidme ampliar el concepto para que podáis tomar mejores decisiones y no convertiros en víctimas todavía peores.

La Víctima de la Moda Financiera: la mujer que es víctima de los precios excesivos que paga por la ropa y los cosméticos. Las mujeres pagan cantidades increíbles por blusas, pantalones, faldas y chaquetas que a menudo tienen menos tela y requieren menos trabajo para crear en comparación con las prendas de los hombres. Si bien la calidad varía de pobre a artesanal, el margen sigue siendo el mismo... asombroso. Para la ropa, esto significa que muchas mujeres son víctimas económicamente cuando necesitan hacer una compra. La solución de las Mujeres Ricas de Cuna es comprar selectivamente artículos de calidad hechos de telas naturales (lana, algodón, lino, seda). Inclínate hacia los estilos tradicionales y clásicos para que tus artículos más nuevos se puedan mezclar y combinar fácilmente con tus artículos más antiguos. Compra menos. Cuida tus prendas.

Sabes que la industria de la moda presenta nuevos estilos y líneas de ropa cada temporada (invierno, primavera, verano y otoño) por una razón. La razón por la que hacen esto es para tener una nueva mercancía frente a ti, llevarte a una tienda minorista o en línea, y hacer que compres cosas nuevas de manera regular. El objetivo final es tomar el dinero de las mujeres trabajadoras y ponerlo en los bolsillos de conglomerados multimillonarios. Si bien estas grandes compañías cobran mucho dinero por sus productos, a menudo les pagan a sus trabajadores (a menudo mujeres) unos pocos dólares al día para trabajar en condiciones de explotación en el extranjero para hacer estas prendas.

No puedes abordar todos los problemas del mundo, simplemente no seas parte de un problema si es posible. No seas cómplice. No seas una facilitadora. No seas una co-conspiradora. Investiga en línea y conoce la reputación que tiene un minorista con respecto a las prácticas laborales y la participación de la comunidad antes de comprar. Sé sabia. Infórmate antes de comprar.

Compra como una Mujer Rica de Cuna: *cuando lo necesites*, no cuando te sientas deprimida, no cuando te sientas feliz, no porque quieras "complacer" a los demás, no cuando te sientas poderosa, no cuando te sientas poco atractiva, no cuando tienes problemas en tu relación, no cuando te sientes preocupada, no cuando acabas de recibir un aumento de sueldo o una promoción, y no cuando simplemente te aburres.

Nota: Sé la mejor ciudadana global que puedas ser. Conoce a tus vendedores. Sé la mujer inteligente y económicamente independiente. Invierte en ti misma. Adquiere lo mejor. Ahorra dinero en cada oportunidad, tanto como una práctica financiera sóli-

da como mientras compras. No compres de forma alocada, ni con tarjeta de crédito. Presupuesto, presupuesto, presupuesto.

Ahórrate la Cara

Víctima de la Salud de la Moda se refiere a la mujer que es víctima de las toxinas que se encuentran en los productos de belleza que compra y usa. Este problema es enorme, dado el tamaño de la industria cosmética en los Estados Unidos. (Las estadísticas recientes sugieren que las mujeres estadounidenses gastan más que las mujeres de todos los demás países del mundo en productos de belleza).

Al igual que con todo lo que compras, es importante conocer los "costos reales" de poseer y usar un producto. Por ejemplo, si compras un yate, no solo tienes que pagar el barco. Debes pagar el seguro, el mantenimiento, el combustible, la tripulación y un lugar para atracarlo. Los mismos problemas se aplican a la adquisición de un automóvil exótico, un abrigo de piel serio o una joya. Por muy empinados que sean, los "costos reales" de estas compras son solo financieros.

Con los productos de belleza, estamos hablando de tu posesión más preciada: tu salud. Por lo tanto, voy a abordar específicamente algunas de las toxinas que se encuentran en los cosméticos que se venden en los Estados Unidos con la esperanza de que seas más consciente de los «costos reales» de algunas de las elecciones que realizas cuando compras productos de belleza.

Nuevamente, estos son los costos que pagas, no solo con el "precio de compra" del producto, sino también con tu salud. Según informes recientes, las autoridades europeas han prohibido 1.373 sustancias de cosméticos vendidos a mujeres europeas. La Administración de Drogas y Alimentos de los Estados Unidos, por el contrario, ha prohibido solo 8 y restringido solo 3 (piensa en eso). Varios investigadores han vinculado algunos de estos químicos a varios problemas de salud debido a sus efectos conocidos o sospechosos sobre las hormonas en el cuerpo humano.

La pregunta que tal vez quieras hacerte es esta: si los funcionarios del gobierno europeo han prohibido esta cantidad de sustancias de los cosméticos que pueden venderse a sus ciudadanos, la mayoría de los cuales son mujeres y niñas, ¿no deberían preocuparse lo suficiente por ti y por tus hijas para investigar, informarse y prohibir estas mismas toxinas de tu vida?

Antes de discutir en detalle los peligros asociados con muchos cosméticos en el mercado hoy día en los Estados Unidos, quiero hablar sobre los efectos sobre la salud del maquillaje en nuestras mujeres y niñas jóvenes. Me referiré a "preadolescentes", niñas entre las edades de 10 y 12 años, y adolescentes primero.

Es importante tener en cuenta que más adolescentes y preadolescentes usan maquillaje que en cualquier otro momento de la historia. Lamentablemente, a las adolescentes y preadolescentes estadounidenses de hoy se les ha lavado el cerebro para creer que tienen una "imagen" que crear y mantener. Para muchas, esa imagen incluye enmascarar sus caras con maquillaje todos los días. Muchas de ellas se niegan absolutamente a salir de casa sin maquillaje.

Muchas adolescentes en América del Norte tienen un ritual diario que incluye pintalabios, polvos, rubores, bases, rímel, delineador de ojos, esmalte de uñas y perfume, sin mencionar lociones para la piel, champús, acondicionadores y tratamientos para el color del cabello. De hecho, los expertos estiman que una niña típica ahora camina con al menos una docena de productos de belleza en su cuerpo. A medida que las capas de maquillaje se acumulan, también lo hace su exposición a productos químicos peligrosos, y esas son muy malas noticias para la salud de una niña.

Dos tipos específicos de productos químicos conocidos como parabenos y ftalatos se encuentran en muchos cosméticos y se ha descubierto que alteran los niveles hormonales. Dado que las adolescentes tienden a usar maquillaje con mayor frecuencia, durante períodos de tiempo más largos y con mayor frecuencia que los adultos, tienen una mayor probabilidad de sufrir problemas de salud y de la piel en las primeras etapas de la vida como resultado de la exposición constante a estas toxinas.

Además, la presión de grupo a menudo puede hacer que cubran las imperfecciones con *incluso más* maquillaje. A su vez, esta acción provoca o empeora el acné, creando un ciclo dañino de deterioro en la piel que puede tardar meses o años en revertirse. Es realmente un círculo vicioso.

¿El maquillaje cambiará la apariencia de la piel? Absolutamente. Los adolescentes y los preadolescentes pueden tener una idea sesgada del efecto inmediato que el maquillaje tiene en su piel, pero pueden no comprender completamente la correlación problemática que tiene con los problemas de la piel. Un estudio reciente hecho en Brasil reveló que el 45 por ciento de las mujeres que usaban maquillaje religiosamente tenían enfermedades de la piel relacionadas con el maquillaje que usaban.

El maquillaje puede causar estragos, causando efectos dañinos y duraderos en la piel de una adolescente. Como se dijo anteriormente, la Unión Europea ha prohibido más de 1300 sustancias de cosméticos vendidos a mujeres y niñas europeas. La mayoría de los productos de maquillaje en el mercado en los Estados Unidos en realidad tienen algunos de estos 1300 productos químicos nocivos en ellos. Nuevamente: los investigadores han relacionado estos químicos con varios problemas de salud debido a los efectos conocidos o sospechosos sobre las hormonas. (Piénsalo).

Daño Colateral

Pienso en la pubertad como un *deleite especial*, en retrospectiva y para otras personas. Es un túnel de cambio sinuoso, una montaña rusa emocional. El crecimiento inesperado y las nuevas emociones embriagadoras mantienen a las adolescentes que apenas controlan sus cuerpos maduros constantemente al límite. Todo lo que cualquiera puede hacer es esperar e intentar pasar relativamente indemne.

Es un proceso complicado: no tienes advertencia de cuándo comenzará, cómo será el viaje y, lo más importante, cuándo terminará. Los cuerpos jóvenes de adolescentes y preadolescentes que están en la pubertad están cambiando a la velocidad de la luz. Afortunadamente, el cuerpo humano está naturalmente equipado para manejar esta turbulenta transición. Sin embargo, muchos de los productos químicos utilizados en el maquillaje pueden compensar de forma peligrosa e impredecible el equilibrio orgánico del cuerpo joven durante este período.

Además, la *manera* en que los preadolescentes y adolescentes usan maquillaje aumenta los riesgos para la salud. Como mujeres adultas, puedes compartir tu maquillaje con tus "chicas" (un poco de rubor aquí, un toque de rímel, un poco de lápiz extra y solo un poco de brillo de labios). En general, sin embargo, llevas tu propio maquillaje. Tus amigas llevan el suyo. Sabes lo que estás usando. No es un "paquete de reparto".

Sin embargo, las adolescentes y preadolescentes generalmente tienen un círculo mucho más grande de amigas con quienes comparten maquillaje. En su mayor parte, no tienen idea de cómo esas amigas (con quienes comparten su maquillaje) están usando su propio maquillaje, o con quién lo están compartiendo. ¿Por qué es esto un peligro?

Los líquidos como base de maquillaje, base, brillo de labios, rímel y sus pinceles aplicadores proporcionan un caldo de cultivo fértil para las bacterias. Las usuarias inconscientes luego agregan su propio cóctel de bacterias de sus labios, manos, ojos y caras. Esa botella, tubo, cepillo aplicador o esponja convierte el maquillaje en un culpable peligroso para una gran cantidad de enfermedades y dolencias. Sin saberlo, los adolescentes y preadolescentes a menudo transmiten bacterias dañinas exponencialmente a través de productos de maquillaje compartidos. Como comentamos, el maquillaje puede tener efectos molestos y perjudiciales para sus usuarias, especialmente las adolescentes y preadolescentes en desarrollo. Ya lidiando con problemas de la piel causados por las hormonas, los genes y los gérmenes en su entorno, lo último que necesitan son problemas de salud adicionales relacionados con el maquillaje.

Los síntomas como la conjuntivitis, las infecciones por estafilococos y esas horribles lesiones de acné inducidas por el maquillaje, médicamente conocidas como "acné-cosmética", pueden ser el resultado de usar maquillaje demasiado pronto, con demasiada frecuencia y en exceso. Todos sabemos que el acné adolescente no es cosa de risa: para adolescentes y preadolescentes en un entorno de presión de grupo a menudo brutal, puede empeorar los problemas de la pubertad mil veces. Dar un paso atrás, reevaluar el papel de los productos de belleza en su vida y definir un nuevo enfoque de sentido común son clave.

La Simple Solución

Muchos de los efectos secundarios conocidos asociados con adolescentes y preadolescentes que usan maquillaje se pueden solucionar de manera simple y fácil. Es tu responsabilidad crear una rutina adecuada para el cuidado de la piel, para ti y tus hijas, desarrollar esa rutina a tiempo y mantener una piel hermosa de forma natural. Sugeriría que las niñas menores de 16 años no usen ningún tipo de maquillaje. Cuando las adolescentes comienzan a usar maquillaje, deben tener cuidado de usar maquillaje a base de agua y aplicarlo con moderación con pinceles limpios.

Es tu responsabilidad encontrar productos libres de productos químicos nocivos que respalden una colección de maquillaje saludable. Cuando tengas dudas sobre un producto o ingrediente, investiga antes de aplicarlo en tu piel.

Un gran recurso es la Base de Datos Profunda de Seguridad Cosmética de la Piel – a la que puedes acceder en *CosmeticsDatabase.com*. Simplemente ingresa el nombre de tu producto de maquillaje favorito y la base de datos te dirá si contiene algún ingrediente peligroso conocido.

De nuevo: también debes preguntarte si sabes exactamente lo que estás comprando (el producto y sus "costos reales" para ti y tu salud) cuando compras cosméticos. No solo obtienes el beneficio de "la apariencia" que proporcionan. Obtienes el impacto, a corto y largo plazo, de los riesgos para la salud que conllevan. También debes preguntarse esto: "Incluso si adopto una actitud de cuidado despreocupada hacia mi propia salud y mi propia vida con respecto a los cosméticos, ¿a qué riesgos de salud estoy exponiendo a mis hijos, nacidos y no nacidos?"

Cuando las toxinas ingresan al torrente sanguíneo, no solo se quedan contigo. Se los pasas a tu hijo antes de que nazca y luego, durante el proceso de lactancia. Además, si das un ejemplo de compra y uso de cosméticos tóxicos, ¿puedes culpar a tus hijas por adoptar tus hábitos, comprar los mismos productos tóxicos y usarlos? ¿Es realmente un legado que quieres transmitir?

Te diré esto sobre las Mujeres Ricas de Cuna: cuando se trata de su salud y la salud de sus hijos, hacen muchas preguntas difíciles y continúan haciendo preguntas difíciles hasta que obtienen respuestas satisfactorias. Si no obtienen una respuesta satisfactoria sobre un producto que pueda afectar su salud o la salud de su familia, se acabó: no compran el producto. No lo permiten en la casa. No permiten que sus hijos lo usen. Priorizan la salud sobre la apariencia porque nada es más hermoso que una mujer con una piel sana, limpia y fresca.

Vigila a las personas en tu cabeza, especialmente las que te dicen que debes usar maquillaje para ser atractiva. Escucha tus instintos. Escucha a tu cuerpo. Que sepas que el "verdadero costo" de la "belleza" nunca puede ser a expensas de tu salud.

Relaciones Tóxicas

Ahora, echemos un vistazo a algunos de los ingredientes en cosméticos que victimizan a mujeres y niñas, y los problemas de salud que causan. Estas sustancias incluyen:

- Parabenos - se ha descubierto que estas sustancias químicas alteran los niveles hormonales, ya que imitan la hormona estrógeno y están

relacionadas con el cáncer, la toxicidad reproductiva, la inmunotoxicidad, la neurotoxicidad y la irritación de la piel, además de aumentar las posibilidades de cáncer de seno. Se encuentran en champús y otros productos de baño.
- Formaldehído - se encuentra en esmaltes de uñas y tratamientos capilares, un carcinógeno conocido.
- "Fragancia" - Esta palabra en la etiqueta de un producto puede significar cualquier cosa, ya que las empresas no están obligadas a revelar qué productos químicos incluyen. Las toxinas comunes incluyen disruptores hormonales que contribuyen al cáncer de seno, entre otras cosas. Evita esto comprando productos perfumados solo con aceites esenciales orgánicos.
- Tintes de Alquitrán de Hulla - prohibido en productos alimenticios, pero aún se encuentra en tintes para el cabello, lápices labiales y otros productos. Busca el "índice de color" (CI), seguido de un número de 5 dígitos en la etiqueta de ingredientes para determinar si hay colorantes de alquitrán de hulla en un producto.
- Talco - encontrado en sombras de ojos, polvos corporales, polvos faciales y muchos productos minerales sueltos. Contribuye a los tumores de ovario, entre otras cosas.
- Aceite mineral - un producto a base de petróleo y un carcinógeno conocido. Se encuentra en lociones para bebés, cremas y bálsamos labiales, entre otras cosas.
- Zirconio de Aluminio - encontrado en antitranspirantes y relacionado con el desarrollo de la enfermedad de Alzheimer, así como el cáncer de mama.
- Lauril Sulfato de Sodio - encontrado en una variedad de cosméticos, causando daño a la piel, daño ocular y daño hepático. Uno de los productos no regulados más peligrosos que se encuentran en una variedad de productos de belleza (gel de ducha, exfoliante, jabón líquido para manos y pasta de dientes). Se ha utilizado durante mucho tiempo en productos de limpieza industrial.
- BHA y BHT (Hidroxibutilanisol y Butil Hidroxitolueno) - Los conservantes ampliamente utilizados por la industria alimentaria, que también se encuentran en una gama de cosméticos, dañan el sistema reproductivo e impiden la función tiroidea adecuada, entre otras cosas.

Existe una injusticia extrema en el hecho de que muchas mujeres pagan voluntariamente precios exorbitantes por cosméticos que, en primer lugar, enriquecen a las empresas dominadas por los hombres y, en segundo lugar, contribuyen a una amplia gama de enfermedades, muchas de ellas mortales para las mujeres. Es fácil evitar ser una víctima de la moda, tanto en términos de salud como de finanzas, cuando se trata de cosméticos: informarse, comprar de manera más saludable y comprar menos.

La Ejemplar - Shirley Chisholm

Shirley Chisholm nació el 30 de noviembre de 1924 en Brooklyn, Nueva York, pero pasó sus años formativos en Barbados junto a su abuela. Después de graduarse de Brooklyn College, comenzó su carrera como maestra y luego obtuvo un máster de la Universidad de Columbia.

Durante sus años como maestra, la Sra. Chisholm comenzó a trabajar como voluntaria en la Liga de Mujeres Votantes y el Club Democrático del Distrito de la Decimoséptima Asamblea. En 1964, se postuló y fue elegida para la Asamblea del Estado de Nueva York.

La Sra. Chisholm fue miembro de la asamblea desde 1965 hasta 1968, donde, entre otras cosas, trabajó para que los beneficios por desempleo se extendieran a las trabajadoras domésticas. También patrocinó la introducción del programa SEEK (Búsqueda de educación, elevación y conocimiento) que brindó a los estudiantes desfavorecidos del estado la oportunidad de ingresar a la universidad mientras reciben educación intensiva de recuperación. Ella patrocinó otro proyecto de ley que prohíbe a las maestras perder el puesto mientras están de baja por maternidad.

En 1968, se postuló y fue elegida para el Congreso de los Estados Unidos, donde sirvió en varios comités de la Cámara, incluidos Agricultura, Asuntos de Veteranos, Reglas y Educación, y Trabajo.

Durante el apogeo del movimiento por los derechos civiles, habló sobre el sistema judicial, la brutalidad policial, la reforma penitenciaria, el control de armas y el abuso de drogas, temas con los que todavía luchamos hoy.

A lo largo de sus períodos en el Congreso, se encontró con discriminación, tanto por ser negra como por ser mujer. Sin embargo, cuando George Wallace, un opositor abierto de la integración y la igualdad de derechos para los negros, recibió disparos y heridas durante su campaña presidencial, la Sra. Chisholm fue a visitarlo al hospital. Ella mostró compasión por un ser humano, incluso si sus creencias políticas eran diferentes a las de ella.

Buscando tener una influencia aún mayor en la sociedad, la Sra. Chisholm se postuló para el cargo de presidenta de los Estados Unidos de América en 1972. Aunque no ganó la nominación demócrata, ganó un impresionante 10 por ciento de los votos dentro de su partido.

Sirvió en la Cámara de Representantes de los Estados Unidos durante otra década, retirándose en 1982. Después de abandonar el Congreso, la Sra. Chisholm construyó su hogar en los suburbios de Williamsville, Nueva York y reanudó su carrera en educación. Fue nombrada para la Cátedra Purington en el Mount Holyoke College para mujeres en Massachusetts.

También cofundó el Club Democrático de la Unidad en Brooklyn y fue una de las primeras integrantes de la Organización Nacional para la Mujer (NOW), además de estar activa en la Asociación Nacional para el Avance de las Personas de Color (NAACP). Fue incluida en el Salón Nacional de la Fama de la Mujer en 1993.

"Ni vendida ni mandada" fue el eslogan de su campaña, y se mantuvo así durante toda su vida y carrera.

"Si no te dan un asiento en la mesa, trae una silla plegable".

—Shirley Chisholm

"Eventualmente debes pagar por lo que compras".

—Anónimo

2 Mayo, 2017 – Ginebra, Suiza

CAPÍTULO 14

Siempre es Personal

Las finanzas personales se pueden definir como la manera en que una mujer aborda la adquisición, gestión, preservación y crecimiento del dinero y cosas de valor a las que ella personalmente tiene acceso, recibe o controla. Además de lo que tradicionalmente se denominan "activos", esto también se refiere a deudas, pasivos y cuestiones de impuestos. Vamos a dividirlos en términos de adquisición (ganancias a través del empleo y el espíritu empresarial, así como la herencia y las ganancias inesperadas), la gestión (gastos) y la preservación y el crecimiento (ahorro e inversión).

Nota: No doy consejos de inversión sobre qué acciones, bonos o instrumentos financieros comprar. Asimismo, no asesoraré sobre la adquisición de bienes inmuebles, metales preciosos o cualquier otra clase de inversión. Sin embargo, ofreceré ideas sobre *cómo pensar en invertir*, que es muy diferente.

La forma en que se consideran estos temas de adquisición, gestión, preservación y crecimiento es un proceso muy individual: cómo los afrontes dependerá en gran medida de tu propia situación financiera, tu situación personal y tus objetivos. Como ejemplo, el enfoque de las finanzas personales para un estudiante universitario de 22 años con un fondo fiduciario y una madre trabajadora de 40 años con un salario será diferente. La forma en que verán el empleo, considerarán la inversión y priorizarán el gasto puede ser muy diferente. Sin embargo, los fundamentos presentados aquí permanecen constantes.

Al comenzar nuestra discusión sobre las finanzas personales, debemos reconocer que no sucede por cuenta propia. Los factores sociales y políticos influyen en la capacidad de una mujer para hacer, mantener y cultivar sus ahorros. Existe un panorama desigual e injusto al que se enfrentan las mujeres en esta área, que a menudo se refleja en las estadísticas. Por ejemplo, si bien las mujeres controlan más del 80% de las decisiones tomadas con respecto al gasto del consumidor, ganan entre un 20 y un 45% menos que sus homólogos masculinos en el lugar de trabajo.

Los informes varían de país a país en todo el mundo, pero la realidad sigue siendo: las mujeres compran para sí mismas y para los miembros de su familia, lo que algunos economistas denominan "gasto circular", es decir, las decisiones de compra tomadas para su "círculo familiar", pero siguen siendo mal pagadas.

A pesar de que se puede hacer más trabajo (en casa y en la oficina) y se les paga menos (en el trabajo, sin mencionar que reciben un salario cero en el hogar), las mujeres de todo el mundo aún logran controlar miles de millones en activos. Día tras día, toman decisiones económicas de las que dependen las corporaciones multinacionales para su propia existencia, sin mencionar sus ganancias. Día tras día, las mujeres a menudo equilibran el presupuesto y la chequera para sus familias y también monitorean los ahorros y la inversión.

Como guardianas de lo que entra y no entra en el hogar familiar, las elecciones de una mujer son fundamentales. Si una mujer decide que un producto o servicio no es seguro, para ellas o sus familias, el producto o servicio no se venderá. Está condenado. Tal como hemos dicho que debes pagar por lo que compras, las corporaciones también pagarán por fabricar productos que no resuenen con las mujeres, que no sean considerados con las mujeres o que no sean aprobados por las mujeres. Estate atenta al poder que tienes como mujer.

Una vez más, las mujeres son "árbitros finales" de la economía de gran parte de lo que sus hijos, esposos y familias compran, hacen, participan o evitan. Las opiniones y elecciones de las mujeres en todo el mundo influyen en gran medida en casi todos los indicadores o pronósticos económicos actualmente en uso. Las mujeres como grupo son la mayor influencia en una economía, ya sea una buena influencia, como las tasas de ahorro e inversión, o una mala influencia, como la deuda del consumidor.

En este punto del siglo XXI, las mujeres disfrutan de más derechos, privilegios y oportunidades que en cualquier otro momento de la historia. Atrás quedaron los días en que las mujeres dependían completamente de los hombres para obtener información, oportunidades, protección y supervivencia. Las mujeres ahora tienen la opción de trabajar fuera del hogar, iniciar un negocio, poseer propiedades, influir en la economía y obtener o retener cualquier nivel de independencia financiera que elijan.

Esta nueva generación de mujeres está entrando en el espíritu empresarial, abrazando e impulsando la innovación. Mientras lo hacen, está surgiendo una nueva ola de empresas con valores e ideas centrados en las mujeres. Estas empresas abordan con mayor precisión las necesidades, los deseos y los puntos débiles de las mujeres. Es más probable que estas empresas sean sostenibles, orgánicas, libres de crueldad y toxinas.

Históricamente pasadas por alto y sin fondos suficientes en los círculos de capital de riesgo, las mujeres ahora están en posiciones financieras de poder. La mayoría de las mujeres saben que el 80% de los productos que compran están diseñados, construidos y vendidos a mujeres por hombres. También saben que esto puede y debe cambiar.

Recuerda: todo lo que necesitas es visión, compromiso con el trabajo duro, acceso a algunos recursos y un poco de suerte. Puede ser que no ganes un millón de dólares, sino dos, cinco o diez millones. Ahorrados e invertidos sabiamente, los ingresos de tu trabajo o negocio pueden brindarte opciones. Y las opciones son una de las cosas más importantes que puedes tener en la vida. No te quedes sentada esperando oportunidades para mejorar tu situación financiera. Levántate y créalas por ti misma. Olvídate de "preparar el terreno". Los "campos de juego" de hoy han sido creados por hombres y están codificados para mí. Crea el tuyo propio. Piensa en emprender.

Estoy compartiendo todo esto contigo antes de una discusión sobre "finanzas personales" para alterar tu percepción sobre ti misma. Como mencioné en la Introducción, tú eres quien gana, administra, gasta e invierte tu dinero. Puedes estar en desventaja en algunos casos, pero no eres una víctima. No estás indefensa. Estás en el asiento del conductor. No te equivoques al respecto: en una sociedad capitalista, el dinero es poder. Si bien puedes estar leyendo esto y estar bajo una montaña de tarjetas de crédito o deudas estudiantiles, puedes cambiar tu situación con la aplicación de algunos fundamentos de finanzas personales. Todo lo que necesitas es un poco de conciencia, algunas opciones y algo de tiempo.

A lo largo de estos capítulos, te pediré que recuerdes constantemente el Orden de las Cosas de los Ricos de Cuna cuando se trata de finanzas personales: Planear. Ganar. Ahorrar. Invertir. Gastar. Imprime estas palabras en tu retina. Cada paso es importante, y el orden de cada paso es importante. Un paso a la vez.

"Haré lo que me proponga".

—Anónimo

Declaraciones de Independencia

Vamos a manejar el concepto a menudo discutido de "independencia financiera". Significa diferentes cosas para diferentes personas, pero hay algunos puntos de referencia comunes que podemos establecer. Estos puntos de referencia te ayudarán a comprender dónde te encuentras actualmente y a trazar dónde quieres estar en el futuro. Estos puntos de referencia tienen niveles correspondientes de "independencia": opciones o preferencias que tienes o no tienes.

Cuando veas "independencia financiera" en estos términos, estarás más inclinada a tomar decisiones con tu dinero porque el dinero no se convertirá en algo que uses para comprar *cosas*, sino en una herramienta que utilices para comprar tu *libertad*. Aquí están las tres categorías básicas y amplias de independencia financiera y las libertades asociadas con cada una:

Independencia Mínima: Si solo tienes suficiente dinero para llegar a fin de mes, tu independencia es *limitada*, debes ir a trabajar, incluso en un trabajo que no te gusta. Las personas con las que trabajas pueden ser imbéciles y el trabajo que te asignan es horrible o aburrido, pero te sientes obligada porque tienes que cumplir tus compromisos y pagar tus facturas. En esta situación, es posible que no alcances tu potencial y termines sintiéndote nada fantástica contigo misma.

Independencia Intermedia: Si tienes suficiente dinero ahorrado para pagar el alquiler y poder comer durante 6 meses a un año, tienes *más libertad*, especialmente si te despiden o deseas iniciar un negocio en tu sala de estar. Si alguien te maltrata en el trabajo, puedes enfrentarlo con confianza, litigar y/o irte. Puedes buscar y esperar por un trabajo que realmente te guste. Puedes aceptar un trabajo que no paga tan bien, por un período de tiempo, sabiendo que tienes un colchoncito de efectivo para amortiguarte a medida que avanzas hacia tu objetivo.

Independencia Óptima: Si tienes suficiente dinero para vivir el resto de su vida sin trabajar por un sueldo, tienes una cantidad máxima de libertad, una multitud de opciones. Irónicamente, para ser feliz, la mayoría de las opciones que considerarás involucrarán trabajo. La gran diferencia es que puedes elegir el trabajo que haces, y probablemente será el trabajo que te encanta hacer.

Probablemente puedas imaginar o haber experimentado de primera mano las etapas mínimas e intermedias de independencia financiera. Sin embargo, puede ser útil obtener una imagen de lo Óptimo. Así que hagámoslo rápido.

Como mujer de medios independientes, tienes la oportunidad de hacer un trabajo gratificante, personal y económicamente. Cuando encuentres esto, *tú en el trabajo te parecerás a una niña jugando*. Te despertarás emocionada esperando tu día y esperando ansiosamente todo lo que contiene. Estás lista para hacer tu trabajo con alegría y, cuando llegue el final del día, solo lo dejarás de lado a regañadientes para descansar y comer algo. Puedes o no generar dinero, pero vivirás y trabajarás "a propósito", como dicen los psicólogos. Y te sentirás bien.

Esto describe la vida diaria de una mujer que es financieramente independiente. Ella tiene un propósito en su vida, en el que trabaja activamente. Ella tiene sus gastos bajo control. Ella tiene sus inversiones trabajando para ella, proporcionando un ingreso con en el que puede vivir. Esto es "ingreso pasivo", un concepto que discutiremos con más detalle más adelante. Esta es la verdadera libertad. Este es el objetivo para apuntar.

Nota: Si ves a una mujer que tiene una gran cantidad de dinero a su disposición, pero nunca está satisfecha con la cantidad de posesiones materiales que tiene, en realidad está empobrecida: necesita constantemente refuerzo exterior, una nueva compra, para sentirse bien consigo misma. No la envidies. Ella está sufriendo. Así que olvídala. Centrémonos ahora en las prioridades de las Mujeres Ricas de Cuna: libertad financiera a través de la adquisición de dinero y cosas de valor, la administración de su dinero y la preservación y crecimiento de su riqueza.

> "Siempre parece imposible hasta que se hace"
>
> —Nelson Mandela

La Ejemplar - Mary Anning

Nacida en 1799, Mary Anning superó la falta de una educación formal para emerger como una de las mayores pioneras de los fósiles y una de las principales autoridades mundiales en paleontología. Para leer las obras de Georges Cuvier, el eminente naturalista y paleontólogo, se enseñó francés a sí misma.

En 1821, la Sra. Anning encontró tres esqueletos de ictiosaurios fosilizados, que iban desde 5 a 20 pies de largo. La Sra. Anning estaba trabajando a la vanguardia de una nueva ciencia que utilizaba fósiles para comprender mejor la historia natural de la tierra.

El coleccionista George Cumberland describió el ictiosaurio de 5 pies de la Sra. Anning de esta manera: "el mejor espécimen de un ictiosaurio fósil encontrado en Europa... se lo debemos enteramente a la industria perseverante de una joven fosilista, de nombre Anning... y su peligroso empleo". A sus esfuerzos les debemos casi todos los excelentes especímenes de Ichthyosauri de las grandes colecciones..."

A la tierna edad de 24 años, la Sra. Anning hizo el primer descubrimiento al dibujar un esqueleto completo de Plesiosaurus. El descubrimiento fue tan increíble que muchos científicos se negaron a creer que tal criatura hubiese existido alguna vez.

Inicialmente declarando que el hallazgo era falso, Georges Cuvier más tarde cambió su tono después de examinar cuidadosamente los hallazgos fosilizados y declaró: "Es la criatura más increíble jamás descubierta".

El descubrimiento de Plesiosaurus aseguró la reputación de la Sra. Anning. Sin embargo, ella continuó trabajando sin descanso. En 1828, descubrió la "*Bolsa de tinta de los fósiles de Belemnoidea*", criaturas de diez brazos que podían expulsar tinta al agua, como los calamares. Sorprendentemente, la Sra. Anning descubrió que la tinta de las bolsas había sobrevivido a la fosilización y aún podía usarse en bolígrafos. Para rendirle homenaje, los artistas de su ciudad natal comenzaron a usar tinta de Belemnoidea para dibujar imágenes de fósiles encontrados en el área.

La Sra. Anning también encontró ejemplos de heces de animales fosilizados y, al abrir algunas, encontró huesos y escamas de pescado en el interior. Este descubrimiento dio a los científicos una ventana a las dietas de los animales que vivieron hace cientos de millones de años.

En 1829, la Sra. Anning encontró un segundo fósil de Plesiosaurio, aún más completo que su descubrimiento innovador de 1823. En 1830, la Sra. Anning descubrió una de sus criaturas fosilizadas más completas y hermosas: Plesiosaurus macrocephalus, cuyo elenco se exhibe en El Museo de Historia Natural de París, Francia.

Si bien sus descubrimientos formaron la base de gran parte de nuestra comprensión temprana de la vida animal prehistórica, y su consejo dirigió gran parte del trabajo realizado por sus contemporáneos en el campo, apenas recibió su merecido en vida.

Sus contribuciones fueron finalmente reconocidas: casi 200 años después de su muerte, la Royal Society publicó una lista de las diez mujeres británicas que más influyeron en la ciencia, y el nombre de Mary Anning estaba en la lista.

"Mary Anning es probablemente la fuerza de recolección no reconocida (o reconocida inadecuadamente) más importante en la historia de la paleontología".

—Stephen Jay Gould

"La matemática no tiene opinión"

—Cathy O'Neil

18 Agosto, 2018 - La Danza del Triunfo - Paris, Francia

CAPÍTULO 15

Fusiones y Adquisiciones

Ahora, hablemos de ti, de cómo hacerte, y mantenerte, financieramente independiente o rica, haciendo lo que te gusta hacer, en lo que eres buena y para lo que fuiste puesta en esta tierra para hacer. (Si tienes suerte, sabes lo que es y es lo mismo).

Tu primer paso es maximizar la "fusión" de tu educación, credenciales, experiencia y habilidades para promocionarte y promocionar tus habilidades. Los fusionas lo mejor que puedes para facilitar la "adquisición" de dinero y hacer más probable la posibilidad de ganar más dinero en el futuro.

Muchas veces, al comienzo de esta búsqueda, te entrevistan y te ofrecen un trabajo. En este punto, puedes experimentar la brecha de género generalizada que enfrentan las mujeres en todo el mundo todos los días. Según un informe de 2017 de la Asociación Nacional para Mujeres y Familias, las mujeres de color ganan un 25-40% menos que sus homólogos blancos. Las mujeres caucásicas son un poco mejores, pero la diferencia salarial para las mujeres en comparación con los hombres sigue siendo un problema grave.

La realidad hoy día es que las mujeres trabajan más horas para ganar lo mismo que los hombres. Las mujeres también realizan más "trabajos no remunerados": cuidar a sus esposos, hijos, familia política y padres. No conozco ninguna estadística que respalde esta afirmación. Es algo que he visto toda mi vida, y es una experiencia que nunca ha sido negada por nadie, hombre o mujer, con la que he hablado en toda mi vida.

No estoy seguro de cómo cambiar la dinámica familiar, pero tú como mujer definitivamente puedes cambiar la dinámica del lugar de trabajo. Ve a la biblioteca y busca libros y recursos que te ayuden a negociar de manera más efectiva por igual salario cuando te ofrezcan un trabajo o busques un ascenso. También encontrarás recursos en línea, pero habla con otras mujeres (y hombres) primero cuando sea posible. La interacción humana te brinda la mejor oportunidad de recibir información privilegiada que no se encuentra en los resultados de búsqueda. Ofrece la oportunidad de hablar con alguien que puede convertirse en mentor, aliado, colega o amigo.

Sin embargo, la verdad es que la responsabilidad de ganar y adquirir dinero recae principalmente en ti. Para maximizar tu potencial de ingresos, considera lo siguiente:

- Piensa como una emprendedora, incluso si trabajas para una empresa;
- Estate dispuesta a hacer los trabajos que tus compañeros no quieren hacer;
- Busca un "nicho de mercado", es decir, un área de especialización o de servicios insuficientes dentro de tu campo elegido en el que puedas concentrarte, dominar y ser "la experta";
- Estate dispuesta a mudarte, incluso a otro país, si hay oportunidades para ganar más, hacer más y ser más;
- Conoce tus "centros de dolor" (puntos de insatisfacción o incomodidad) que te motivan y utilízalos para encontrar soluciones que puedan ser rentables para ti y otros.
- Domina los fundamentos de tu campo elegido y obtén las certificaciones o capacitación necesarias para que siempre puedas ganar dinero y cuidarte.

En tu puesto de trabajo actual:

- Sé una solucionadora de problemas para tu empresa, ya que los solucionadores de problemas son "pepitas de oro" para los dueños de negocios que siempre enfrentan una gran cantidad de desafíos a diario;
- Entra un poco más temprano, vete un poco más tarde y haz un poco más;
- Ve constantemente más allá de lo que tu trabajo requiere mientras buscas oportunidades para aprender más;
- Mientras lo haces, mantén una lista detallada de las responsabilidades adicionales que has asumido voluntariamente o que se te han asignado;
- Haz un calendario constante de tu desempeño, para que puedas documentar, para ti y tu jefe, que estás haciendo estas tareas adicionales de manera regular;
- Después de un período de tiempo (más o menos 6 meses) día tras día, haciendo un desempeño competente de tus tareas asignadas y yendo "más allá" de tus responsabilidades, fija una cita para hablar con tu jefe;
- Detalla tu desempeño de manera modesta pero uniforme, y educadamente solicita un aumento;
- Si recibes un aumento, agradece a tu jefe y continúa haciendo todo tu trabajo;
- Si no lo recibes, evalúa las razones dadas por el rechazo;
- Comienza un esfuerzo concertado para buscar un nuevo trabajo;
- Sé siempre la mejor trabajadora de la oficina;
- No te conformes.

Fuerza de Voluntad

Otra forma de adquirir dinero o cosas de valor es a través de una ganancia inesperada o una herencia. Una ganancia inesperada puede ser un billete de lotería ganador (no apuestes por él) o un acuerdo de litigio en un caso civil. Una herencia es mucho más probable. He discutido este importante tema en *The Old Money Book*, y te sugiero que lo leas allí. Sin embargo, lo cubriré brevemente ahora, ya que presenta una oportunidad increíble para mejorar tu vida y avanzar hacia la independencia financiera.

Supongamos que estás invitada a la oficina de un abogado para una reunión importante. *¿De qué se trata esto?* Bueno, como suele pasar, tu tío Chester se ha ido al otro barrio. ¿Y? Y... está el tema del testamento. Te pones un traje respetable, te arreglas el cabello y tomas el tren hacia la ciudad. Poco después, estás sentada en una sala de conferencias con paneles de madera que es más grande que tu apartamento. El anciano y refinado abogado proviene directamente de una novela de Charles Dickens. En poco tiempo, te informa que el tío Chester, el viejo traficante que vivía en una cabaña de dos habitaciones en Vermont, había ahorrado una buena suma... y te lo ha dejado todo a ti.

Tragas saliva. A medida que la sangre vuelve a tu cabeza, el abogado del tío Chester te felicita efusivamente y te pide que firmes en la línea punteada. Luego te pregunta dónde deseas depositar los fondos y te desea la mejor de las suertes. En este momento, no necesitas suerte: debes administrar ese dinero sabiamente. Por lo tanto, mi sugerencia sería contactar de inmediato a un contador público certificado (CPA) acreditado y evaluar cualquier responsabilidad fiscal que la herencia pueda representarte. (Paga tus impuestos completa y puntualmente. No querrás tener problemas con el tío Sam).

Lo segundo que puedes hacer es comprar una botella de champán y brindar por tu buena fortuna. Sola. Como sugiero fuertemente en *The Old Money Book*, mantendría la herencia en secreto. Ten en cuenta que un "secreto" no es algo que le dices a una persona a la vez. No necesitas que tu herencia afecte tus relaciones. Trata el cambio en privado. Luego, más tarde, decide cómo compartirlo con los demás, si es que lo haces.

No hagas nada diferente con tu rutina diaria o tu vida. No renuncies a tu trabajo, incluso si no te gusta tu jefe. No compres nada. En su lugar, haz una lista de todo lo que *podrías comprar y hacer*. Viajar, pagar deudas, coche nuevo, apartamento más grande, abrigo de piel, paseos en limusina para ti y tus amigos, y zapatos, zapatos, zapatos. Llámala la Lista Loca. La lista con cosas que, una vez que das tu dinero, no obtienes nada de valor a cambio. Eso es una locura, ¿verdad?

Ahora haz una lista inteligente. Es una lista de todo en lo que *podrías invertir*. Esta lista es todo en lo que podrías invertir que hará aumentar su valor y te devolverá beneficios con el tiempo. Comienza la lista con bienes raíces que generan ingresos, acciones que pagan dividendos, anualidades, bonos libres de impuestos... cosas que producen ese "ingreso pasivo" del que hablamos anteriormente en este libro. No, no es tan divertido como alquilar una limusina, pero a la larga es más gratificante. También podrías considerar invertir en ti misma con educación.

No te estoy diciendo en qué invertir. No te estoy diciendo que inviertas. Te estoy diciendo que no gastes. Y solo considera invertir después de un "período de enfriamiento" de 3 a 6 meses *después de heredar el dinero*. Una vez más: a medida que la euforia desaparece, prepara una taza de té caliente, recuéstate en el sofá y evalúa cuánto esta herencia puede ayudarte a lograr tu objetivo de ser financieramente independiente. Si lo gastas todo en una semana, no te sirve de nada. Si lo gastas todo en dos años, puede ayudarte un poco. Si lo inviertes y lo haces funcionar, y te paga dividendos o intereses cada mes, puedes beneficiarte por el resto de tu vida.

Considera la cantidad que has heredado, cómo puedes usarla mejor y observa dónde te encuentras. ¿Esto te dará independencia intermedia? ¿Independencia óptima? Mira esta herencia no como dinero, sino como una oportunidad. Entonces usa el dinero sabiamente. Como sabes, las matemáticas no tienen opinión. Haz los cálculos cuando obtengas una herencia. Haz que funcione a largo plazo.

Aspectos a Recordar

Cuanta más iniciativa tomes para evaluar, refinar y usar tus talentos para avanzar, mejor te sentirás acerca de ti misma.

No te preocupes de que no puedas "controlar" todo. Puedes controlar lo que estás pensando y lo que estás haciendo. Si te encuentras teniendo pensamientos negativos, dirige tu mente hacia un camino más constructivo. Si estás perdiendo el tiempo o haciendo algo que es autodestructivo o poco útil para tu futuro, apártate de ello.

Tú como mujer no eres un "grupo de interés especial". No eres la "excepción a la regla". Tu eres la regla. Entonces gobierna. No te dejes marginar por las suposiciones de los demás.

Así que, para resumir, harás todo lo que puedas con respecto a capacitación, preparación, innovación, visión y trabajo duro para ganar y adquirir legal y éticamente tanto dinero como puedas. Mientras lo haces, el siguiente aspecto de tus finanzas será cómo gestionar lo que ganas.

La Ejemplar - Wangari Maathai

Wangari Maathai nació en 1940 en Nyeri, una región rural en Kenia, África. Fue a los Estados Unidos como estudiante, obteniendo títulos de Mount St. Scholastica College en Atchison, Kansas, y de la Universidad de Pittsburgh. Luego realizó sus estudios de doctorado en Alemania y en la Universidad de Nairobi. Galardonada con un Doctorado en 1971, de la Universidad de Nairobi, fue la primera mujer de África oriental y central en obtener ese título. También enseñó medicina veterinaria en la universidad.

Además de sus logros académicos, la profesora Maathai fue determinante en el establecimiento del Movimiento del Cinturón Verde. La organización comunitaria se enfoca en plantar árboles para reducir la pobreza y promover los esfuerzos de conservación en África.

También se involucró en política, representando a la circunscripción de Tetu en el parlamento de Kenia de 2002 a 2007. Fue galardonada con el Premio Nobel de la Paz en 2004 por su trabajo, y se desempeñó como Viceministra de Medio Ambiente y Recursos Naturales en el noveno parlamento de Kenia. En 2005, fue nombrada Embajadora de Buena Voluntad del Ecosistema Forestal de la Cuenca del Congo por los once Jefes de Estado en la región del Congo.

En 2007, la profesora Maathai fue invitada a ser copresidente del Fondo de la

Cuenca del Congo, una iniciativa establecida por los gobiernos británico y noruego para ayudar a proteger los bosques del Congo. En 2010, se convirtió en fideicomisaria del Karura Forest Environmental Education Trust, que se estableció para salvaguardar las tierras públicas.

La profesora Maathai fue reconocida internacionalmente por sus esfuerzos para promover la democracia, los derechos humanos y la conservación del medio ambiente. A pesar de su apretada agenda, también encontró tiempo para escribir. Es autora de cuatro libros: *Movimiento cinturón verde; Con la cabeza bien alta; El reto para África;* y *Reabasteciendo la Tierra.*

"Son las pequeñas cosas que hacen los ciudadanos. Eso es lo que hará la diferencia. Mi pequeña cosa es plantar árboles".

—Wangari Maathai

"La experiencia es el tipo de maestro más difícil. Primero te da la prueba y luego la lección".

—Oscar Wilde

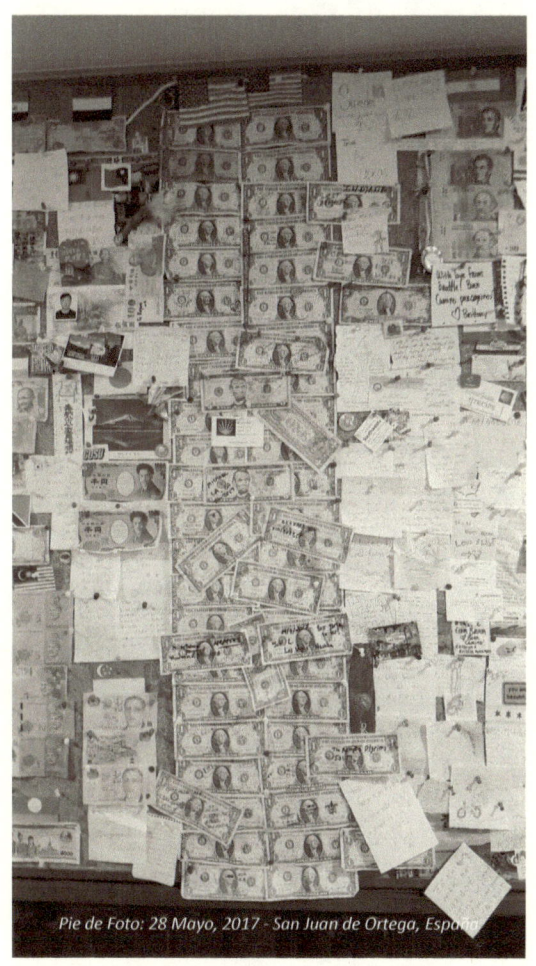

Pie de Foto: 28 Mayo, 2017 - San Juan de Ortega, España

CAPÍTULO 16

Administrarás

A medida que avances en tu carrera en una empresa o en tu propio negocio, aumentarás el flujo de dinero. Mientras lo haces, tendrás la oportunidad de ascender en la escala en términos de independencia financiera. Aquí es donde entra en juego la gestión del dinero. Ten en cuenta que no se trata solo de dinero. Se trata de independencia y calidad de vida, de los cuales el dinero es una parte importante.

Al principio, tu objetivo inmediato será acumular tu "fondo de emergencia" que cubrirá todos tus gastos de vida durante 6 meses a un año sin ingresos ni trabajo adicionales. Ahorrarás constantemente para reunir este fondo, en efectivo, <u>en el banco</u>. Estará allí y solo deberás usarlo en caso de *emergencia*. En este contexto, una emergencia es una situación en la que no puedes generar un ingreso debido a enfermedad o desempleo. Te proporcionará los fondos necesarios para recuperar tu salud o encontrar un nuevo trabajo. No es para un bolso nuevo, un coche nuevo o unas vacaciones.

Solo después de tener este fondo, comenzarás a considerar invertir. Dejarás intacto tu fondo de emergencia e invertirás con el dinero que ahorres por encima del monto del fondo de emergencia.

Administración de Ricos de Cuna

Cicerón dijo una vez que el dinero bien administrado es como una segunda fuente de ingresos. Piensa en eso por un minuto. Conozco bibliotecarios que viven como modelos que ganan tres veces el promedio de ingreso anual. ¿Cómo lo hacen esos locos bibliotecarios? Administrando bien su dinero y viviendo de manera sencilla.

Del mismo modo, las Mujeres Ricas de Cuna ha aprendido la disciplina y el arte de racionalizar sus gastos. Han analizado detenidamente a dónde va su dinero y si realmente va dirigido hacia algo que es "esencial". Si no es así, lo recortan del presupuesto o encuentran una alternativa más económica. Han establecido prioridades:

- la primera es estar saludable (comer bien y ejercitarse);
- la segunda es pasar tiempo de calidad y tener un compromiso significativo con las personas que aman (familiares y amigos);
- en tercer lugar, es hacer el trabajo que aman;
- la cuarta es vivir dentro de sus posibilidades (ganar más de lo que gastan);
- la quinta es permanecer o ser financieramente independiente.

Siguiendo estas prioridades, gestionan sus compras utilizando una matriz de sus ingresos, la importancia de la compra y el valor de esa compra a lo largo del tiempo.

Gastos Caros

Los ingresos se ven afectados inicialmente por tus gastos verdaderos, necesarios y no negociables: alquiler, comida y lo básico para la ropa. Luego puedes agregar seguro médico, gastos de automóvil, teléfono, electricidad y costos de calefacción (servicios públicos). A medida que sumas los costos básicos reales de vida, los deduces de tus ingresos y te quedas con tu "ingreso disponible". Entonces, tienes "gastos opcionales". Sé realista aquí. Si vas a tomar una botella de vino todas las semanas y eso es "lo tuyo", entonces haz un presupuesto. No te engañes a ti misma sobre tus necesidades y gastos opcionales, incluidos los gastos de cuidado personal como manicuras, pedicuras, cuidado del cabello, y entretenimiento.

Sin embargo, se te pedirá que evalúes la importancia de todos los gastos que afectan tu cantidad de ingresos disponibles. Determinarás si esos gastos valen el precio de no lograr la independencia financiera tan rápido como lo desees (gastos como ir a restaurantes, clubes nocturnos y comprar al azar en línea).

Lo que las Mujeres Ricas de Cuna hacen es comenzar haciéndose una pregunta: ¿qué voy a usar todos los días? Voy a usar comida, platos, ollas y sartenes en la cocina. Voy a dormir en una cama todas las noches. Me voy a sentar en una silla o en un sofá todos los días. Es posible que necesite un automóvil para ir a trabajar cinco días a la semana. Eso es todo: necesitas esas cosas que usas todos los días. (En caso de que te lo hayas perdido, *The Old Money Book* discute cómo adquirir muebles económicamente, restaurarlos con buen gusto y hacer que duren toda la vida, entre otras cosas).

Otra categoría de cosas que necesitas es la ropa. Aquí, nuevamente, surge la pregunta "¿qué voy a usar todos los días?". Primero comprarás la ropa que usas todos los días. Un vestido de noche o un abrigo de piel estarán más abajo en la lista... si es que están en la lista. Si puedes comprar algo que se puede utilizar para el trabajo y el ocio, mucho mejor: obtendrás el doble de uso. Entonces pregúntate: ¿qué tan versátil es?

Debes controlar las compras impulsivas. Toma un descanso. Compra el artículo "mentalmente" primero. "Poséelo" por un minuto. Luego "ponlo de nuevo en la estantería". Dos días después, si todavía crees que vale la pena, y es algo que vas a usar casi todos los días, considera la compra nuevamente. Si no puedes pagar en efectivo, no lo compres.

Recuerda nuevamente el Orden de las Cosas de los Ricos de Cuna: *Planear. Ganar. Ahorrar. Invertir. Gastar.* Otra vez, puntos clave para revisar cuando consideres hacer una compra:

- Primero, el precio... que es el precio en efectivo, el "precio de crédito" (lo que pagarás en intereses si no lo pagas al final del mes) y el "precio de pérdida", lo que costará en términos de otras oportunidades que no podrías aprovechar porque desperdiciaste dinero en esta compra;
- Segundo, tu ingreso disponible;
- Tercero, la importancia del artículo;
- Cuarto, el verdadero valor del artículo con el paso del tiempo.

Este "verdadero valor del artículo con el paso del tiempo" se refiere a qué tan bien se desempeñará el producto al comparar el gasto del artículo (el precio) con la duración (vida útil esperada) de su uso y beneficio, incluida la frecuencia con la que vas a usarlo y lo necesario que sea. Para usar una metáfora matemática: el precio de un artículo dividido por su vida útil es igual a su "valor verdadero".

Tenemos que llevar todas estas estrategias y todos estos consejos de vuelta al "panorama general". Ese "panorama general" es ser financieramente independiente lo antes posible a través de una administración de dinero adecuada. Es tu responsabilidad. Empieza hoy.

~ SECRETO DE RICOS DE CUNA ~

Para maximizar las oportunidades y disfrutar de cualquier seguridad en la vida, la gestión sólida del dinero es fundamental. Se debe contar con un presupuesto personal y un plan de ahorro. Conciencia sobre la cantidad de dinero que se gasta y por qué es clave. Se implementa una estrategia de inversión y los resultados son monitoreados de cerca. La "riqueza" se considera la capacidad de disfrutar de independencia y calidad de vida, no la capacidad de comprar cosas.

* * * * *

Rompe y Sal Adelante

Ahora, veamos la parte de Gastos de la Administración. Gastar todo el dinero que ganas no te ayuda. Hace que el progreso sea difícil, si no imposible. Así que echemos un vistazo a lo que hace difícil, si no imposible, que tantas mujeres ahorren dinero.

Las mujeres de hoy enfrentan la realidad de la deuda estudiantil, perspectivas de empleo limitadas, así como la brecha salarial de género que ya hemos discutido. Para terminar de rematar, agrega el aumento de los costos de alimentos y vivienda. No puedo hacer nada con respecto a la economía, y es posible que tú tampoco puedas.

Sin embargo, existen gastos y hábitos personales con los que puedes "romper" para ayudarte a ti misma a "salir" y hacer que el progreso financiero sea más rápido y más eficiente. Hay cosas que pueden estar perjudicando tus esfuerzos para ser financieramente independiente. En esta sección sobre Gastos, vamos a detallarlos para abordarlos de manera efectiva.

En algún momento de tu vida, rompiste con alguien y terminaste una relación, o alguien rompió contigo. El escenario es como mínimo incómodo y a lo sumo terriblemente doloroso. Tratamos de decirnos que es lo mejor, y a veces lo es. Pero aún puede ser desagradable. Del mismo modo, permitidme sugerir nuevamente esto:

será mejor para tu bienestar financiero si "rompes" con algunos de los productos, servicios y hábitos que has adoptado. Puede ser doloroso, pero a la larga, estarás mejor.

Aquí hay algunas "rupturas financieras" que animo a hacer, comenzando desde la más simple y fácil... hasta la más complicada y difícil. Considera lo siguiente como lo fácil de romper:

- Rompe con todas las "cosas" (ropa, muebles, platos, baratijas, etc.) que no estás usando. Véndelas o regálalas. El dinero extra que ganes de las ventas será útil. Lo bueno que harás al darlo a la caridad ayudará a otros y te hará sentir mejor;
- Rompe con el "nuevo síndrome del teléfono". No cambies tu teléfono todos los años;
- Rompe con los cigarros, cigarrillos electrónicos, vapear. No bebas en exceso y no tomes drogas;
- Rompe con los refrescos y bebidas energéticas;
- Rompe con la comida chatarra, la comida rápida y la comida altamente procesada, te enferma, contribuye a la obesidad y desperdicia tu dinero;
- Rompe con las redes sociales, *por favor*;
- Rompe con la televisión y evita la publicidad que te alienta a comprar cosas que no necesitas;
- Rompe con las compras habituales. Mira tu calendario y selecciona cuatro días al año para comprar en línea, y cuatro días al año para comprar en tiendas físicas para adquirir artículos no esenciales como ropa, zapatos y accesorios. Haz una lista de lo que necesitas y espera a que aparezcan tus fechas de compra. Conoce los artículos que vas a comprar y compra solo esos artículos. Compra únicamente lo que necesitas y establece un límite de gasto de $100.00 por cada uno de los 8 días de compras del año. (Excepción: vestuario de la vuelta a clases. Ver "La lista corta").

Las Roturas más Desafiantes a menudo toman más tiempo para considerar, implementar y honrar a largo plazo. Eso es porque incluyen productos de belleza y ropa. ¡Ay! No dije que esta ruptura sería agradable. No dije que sería indolora. Dije que sería beneficiosa para ti a largo plazo. *Pon el freno de mano*. Esto va a ser difícil para los dos... pero sobre todo para ti.

Romper con el Maquillaje

Analicemos la ruptura de productos de belleza innecesarios y las empresas que anteponen sus ganancias corporativas a la salud de sus clientes. Las mujeres son el mercado objetivo, el grupo demográfico dominante y la fuerza impulsora detrás de la industria de productos de belleza de 50 mil millones de dólares al año. Los productos se comercializan para ellos como "cuidado personal", lo que implica que estos productos son una necesidad. La mayoría no lo son.

Si bien nos hemos referido a los riesgos para la salud de muchos productos de belleza, también debemos abordar el impacto financiero. Una de las mayores pérdidas en el presupuesto de una mujer es la compra constante de productos de belleza. Este gasto dificulta la gestión del dinero. Las mujeres tienen miles de millones de dólares en publicidad y *marketing* dirigidos a ellas para persuadirlas a gastar dinero en productos y servicios de belleza que *no necesitan*.

Ver ciertos productos o servicios como "no necesarios" puede ser un desafío. Se les ha lavado el cerebro a las mujeres para creer que realmente "necesitan" estas cosas y "deben" tenerlas. (Las mujeres no están solas en el lavado de cerebro con publicidad: veo muchos hombres metropolitanos conduciendo camionetas grandes y corpulentas que han visto anunciadas en la televisión. Lo más cerca que algunos de ellos llegan a estar es cuando se detienen al servicio de aparcacoches).

No es solo la publicidad y el *marketing* los que refuerzan esta creencia de "necesidad" asociada con los productos de belleza. Son las experiencias formativas de la infancia y la adolescencia: ver a tu madre, abuela, hermanas, tías y amigos aplicar maquillaje y compartir consejos al respecto. Es casi un "ritual de iniciación" que muchas mujeres incluyen en sus recuerdos de lo que piensan como "crecer" y "vivir".

Lo que también debes recordar es que tu madre y tu abuela probablemente fueron muy selectivas al comprar maquillaje y separarse de su dinero bien administrado y ganado con tanto esfuerzo. Los cosméticos para generaciones anteriores eran un lujo. Las mujeres rara vez poseían más de dos unidades de un artículo en particular: un compacto, una barra de lápiz labial, crema para manos o cara y algo de loción. Eso fue todo, y lo terminaban todo antes de comprar más.

Hoy en día, muchas mujeres no pueden imaginar vivir sin la abundancia de estos productos. Son solo una parte de la existencia diaria: rutinaria y esencial.

Tengo algunas noticias impactantes para ti: la comida y el refugio son esenciales. Todo lo demás es opcional. Este concepto aparentemente duro es extraño para muchas personas, pero cuando soportes un período prolongado de recursos limitados, conocerás la realidad. Tu vida puede continuar sin televisión, marcas de diseñador, "accesorios", cafés de cuatro dólares, manicuras caras y muchos productos de belleza. Una vez más, tendrás que hacer tus propios cálculos personales sobre cómo el gasto excesivo en productos de belleza afecta tu balance personal y tu progreso hacia la independencia financiera.

También debes sopesar tu impacto en la salud, como hemos discutido. Las bases y polvos aplicados en toda tu cara simplemente obstruyen tus poros y te preparan para comprar aún más productos para que tu piel vuelva a estar limpia y saludable. Ten en cuenta que tu piel es el órgano más grande de tu cuerpo. Absorbe hasta el 60% de lo que le pongas. Cuando los químicos son absorbidos a través de los poros de tu cara, esos químicos ingresan a tu torrente sanguíneo. Piénsalo.

Nota: si necesitas algo de color en tus mejillas, omite el colorete y haz ejercicio regularmente. Haz que la sangre fluya. Si deseas evitar las arrugas, evita los cigarrillos, el consumo excesivo de alcohol y la sobreexposición al sol.

Cremas antienvejecimiento, polvos y bases para el rostro, sombra de ojos, lápiz labial, rubores, rímel, esmalte de uñas, quitaesmalte, imprimación facial, cabello, cabello y más productos para el cabello: la lista es larga y los costos se suman, especialmente para mujeres que intentan salir adelante. Recorta tu lista de compras.

Apoyo que hagas cosas que te hacen sentir bella, que te hacen sentir más segura, que te hacen sentir más empoderada. Sin embargo, te animo a que busques esos sentimientos positivos a través de la educación, el ejercicio y el esfuerzo primero. Luego recurre a los cosméticos para mejorar solo la belleza interior y la sabiduría que son tuyas. Conoce su valor, luego gasta sabiamente tu dinero ganado con tanto esfuerzo. Recuerda las palabras de Bob Marley, que dijo: "Una sonrisa es la curva más hermosa en el cuerpo de una mujer". Añadiría que también es lo más hermoso que puedes poner en tu rostro.

La buena noticia acerca de esta ruptura es que realmente hay "muchos otros peces en el mar", es decir, otras compañías que puedes mirar y quizás comenzar una relación. Estas son compañías de cosméticos a menudo propiedad y operadas por mujeres (un total de 43 al momento de escribir este capítulo). También son empresas que han realizado un trabajo serio para ofrecer a sus clientes productos a un mayor valor con estándares más altos de salud y seguridad. Algunas de estas empresas incluyen:

Deborah Lippman - Fundada por la famosa manicurista Deborah Lippman, la compañía de belleza que lleva su nombre es una de las más famosas del mundo.

Charlotte Tilbury - Desde los 13 años, Charlotte Tilbury sabía que quería trabajar en la industria de la belleza. Después de entrenar en la Escuela de Maquillaje Glauca Rossi en Londres, Tilbury saltó al mundo del maquillaje. Ahora, su marca es un nombre familiar.

Honest Beauty - La actriz Jessica Alba fundó Honest Beauty cuando vio la necesidad de productos responsables y de calidad con la máxima transparencia de ingredientes.

Edible Beauty - La naturópata y nutricionista Anna Mitsios lanzó Edible Beauty con la única intención de crear una marca botánica de lujo que sea igualmente segura y efectiva. La fuerte creencia de Anna en el poder natural de las hierbas es evidente en sus fórmulas.

It's A 10 Haircare - La fundadora Carolyn Aronson hizo historia como Directora Ejecutiva de la primera marca independiente de cuidado del cabello en obtener un anuncio del Super Bowl. También fundó Kyana's Dream Foundation (en honor a su hija) que se enfoca en brindar respuesta de emergencia a los niños en las escuelas.

AveSeena - Después de pasar 20 años investigando los efectos de los químicos disruptores estrogénicos y endocrinos en el sistema inmunológico, la Dra. Ebru Karpuzoglu decidió verter sus descubrimientos científicos en una marca de cuidado de la piel 100% derivada de la naturaleza.

MaBrook & Co - En 2014, Aliya Dhalla lanzó su marca de desodorante 100% natural y sin aluminio. El Clean Deodorant aprovecha al máximo los beneficios del carbón activado, el bicarbonato de sodio y los aromas florales dulces.

Fact - La fundadora Cassy Burnside ha lanzado su marca de productos para el cuidado de la piel Paleo-friendly y libres de crueldad que están empaquetados y formulados para mujeres activas.

Aphorism Skincare - Después de luchar contra un cáncer raro pero curable, Urvashi Singh emprendió un viaje para investigar los vínculos entre los químicos tóxicos en los cosméticos y los desencadenantes de enfermedades. Esto la llevó a lanzar una lujosa línea de productos no tóxicos para el cuidado de la piel.

Considera también Pangea Organics de Joshua Onysko, Magic Soaps del Dr. David Bronner, Innersense de Greg Starkman y Alaffie de Olown N'djotehala. Estas son solo algunas empresas a tener en cuenta. Haz tu propia investigación y encuentra las mejores para ti.

También es importante considerar la industria de la belleza en términos políticos. Si bien las mujeres compran la gran mayoría de los productos de belleza que se venden en todo el mundo y a menudo aparecen en las campañas publicitarias y promocionales de estos productos, están subrepresentadas en los rangos ejecutivos de estas empresas. Al momento de escribir este artículo, las mujeres representan menos del 25% de las Juntas Directivas de las principales compañías de belleza, y solo el 24% de sus equipos ejecutivos. Solo 23 de las 500 compañías de cosméticos más grandes del mundo tienen a una mujer como Directora Ejecutiva. Las 6 corporaciones más dominantes en la industria de la belleza tienen hombres como Directores Ejecutivos. Estos incluyen L'Oreal, Estée Lauder, MAC y Revlon.

Una pregunta que podrías hacerte es esta: con tantas ejecutivas calificadas, ¿por qué la Junta Directiva y los accionistas no pondrían a una mujer a cargo de una empresa que vende la mayoría de sus productos a mujeres?

Es importante recordar que con los productos de belleza, y todas tus opciones de compra, tus dólares son tu voto. Tus dólares son tu voz. Para tomar decisiones informadas, es importante saber qué corporación posee tu marca o marcas de maquillaje favoritas. Hay razones para esto: una es determinar si una empresa está priorizando la salud de sus clientes. Otra es determinar si una empresa en particular está siendo buena ciudadana corporativa.

¿Están construyendo comunidades fuertes pagando a sus empleados de manera justa? ¿Su filosofía es inclusiva y su fuerza laboral diversa, tanto en la línea de montaje como en los rangos ejecutivos? ¿Invierten en un futuro sostenible? ¿Están atentos a su huella medioambiental con respecto a la fabricación, el envasado y la distribución? ¿Tienen objetivos «verdes»? ¿Participan consistentemente en donaciones caritativas? (No solo campañas de publicidad para sentirse bien en torno a eventos de caridad).

También es importante saber si una empresa está vendiendo dos productos casi idénticos, pero comercializa y fija el precio de una "marca" de manera diferente, y le da un precio más caro que la otra (la "marca de farmacia" y la marca de "tienda de lujo"). Las grandes corporaciones hacen esto (producen esencialmente el mismo producto y lo comercializan como dos productos diferentes) para llegar a más clientes en diferentes grupos demográficos, ahorrando a la compañía dinero en costos de producción. Muchas veces, solo los aromas, texturas o envases diferencian los productos. Es el caso de, por ejemplo, *Lanc ô me Eau Micellaire Douceur* y *L'Oréal Paris Skin Perfection 3 in 1 Purifying Micellar Solution* son productos casi idénticos. El mismo propietario corporativo los fabrica con los mismos ingredientes activos. Solo diferentes "nombres de marca" y envases los distinguen a los ojos del consumidor.

Es cierto que algunos productos de alta gama están hechos con ingredientes más caros y tecnologías innovadoras. Sin embargo, la verdad es que generalmente cuestan más porque la gente espera que los productos caros funcionen mucho mejor que los baratos y, por lo tanto, están dispuestos a pagar más por ellos.

Por lo tanto, antes de gastar mucho dinero en un producto de lujo, investiga un poco sobre la compañía y su línea. Compara los ingredientes de la línea de productos de lujo con los de sus marcas hermanas menos costosas. Haz una determinación objetiva e informada si la diferencia en los ingredientes realmente vale la diferencia en el precio. Para facilitar tu investigación inicial, proporcionamos una lista inicial de "quién posee qué" en la industria cosmética en un apéndice al final de este libro. No es exhaustiva y la información puede cambiar a medida que las empresas compran y venden marcas, pero te dará una idea general del panorama.

Tener esta información preservará tu salud, alentará la buena gestión corporativa y te ahorrará dinero. Con suerte, esto también te ayudará a ver los productos de belleza por lo que son: una industria grande y rentable.

La Ruptura entre "Riqueza y Pobreza"

Otra gran ruptura que las mujeres pueden enfrentar en el camino hacia una mejor administración del dinero está terminando con la compra innecesaria de ropa y zapatos. Las mujeres que compran las últimas modas, prendas imprescindibles de esta temporada, pueden sacrificar los ahorros potenciales y la independencia financiera futura por prendas baratas que se fabrican en el extranjero en condiciones casi de esclavitud... muchas veces por mujeres que tienen aún menos opciones en la vida.

Para dañar aún más sus perspectivas financieras, pueden comprar estos artículos con tarjetas de crédito. Estos saldos de tarjetas de crédito rara vez se pagan al final del mes. Las mujeres que realizaron las compras pagan un interés de dos dígitos, lo que aumenta aún más el "costo real" del artículo que compraron... incluso si estaba "en oferta".

Otras mujeres pueden hacer esto, pero tú no tienes que hacerlo. Una Mujer Rica de Cuna nunca hace esto. Ámate y valórate lo suficiente como para ser disciplinada con respecto a la compra de ropa. Compra piezas clásicas (blusas, faldas, pantalones, chaquetas) que combinan bien. Cuando tengas el dinero, crea variedad con la compra de zapatos de calidad, bufandas coloridas y carteras bien hechas que te durarán toda la vida. Compra calidad. Mantenlo simple. Mantenlo clásico. Mantenlo tradicional. He dicho mucho de esto antes. Lo digo de nuevo. Eso debería decirte algo.

Romper con el Gran "C"

La mayor decisión a romper que puedes enfrentar es la decisión de no tener coche. La viabilidad de esta opción variará enormemente, dependiendo de dónde vivas, el acceso que tengas al transporte público, el clima, tu profesión y tu capacidad física para desplazarte a pie de un lugar a otro.

Sin embargo, si deseas acelerar tu progreso hacia la independencia financiera, podría ser algo en lo que pensar. Además del precio de compra de un coche nuevo (y en *The Old Money Book* recomiendo considerar primero un coche de segunda mano), están los problemas de la gasolina, el mantenimiento, el seguro y el aparcamiento. Todo esto te permite ahorrar dinero a fin de mes.

Las opciones son utilizar el transporte público, caminar, ir en bicicleta o en *scooter* a donde necesites ir, o utilizar compañías como Uber y Lyft para obtener transporte solo cuando realmente lo necesites. Sí, no tener coche puede ser un inconveniente. No tener independencia financiera también puede ser inconveniente.

Menos que las Mejores

Hay muchas otras tentaciones en el panorama del consumidor que intentan persuadir a una mujer para que se separe de sus dólares ganados con tanto esfuerzo. Estas opciones pueden clasificarse como "menos que las mejores" decisiones que una mujer puede tomar. Si se convierten en hábitos, pueden absorber a una mujer de sus ingresos discrecionales, posteriormente reducir el ahorro y las oportunidades de inversión, y, nuevamente, impactar directamente las posibilidades de independencia financiera. Ten en cuenta algunas de estas opciones para que no te detengan:

- Pagar excesivos gastos de cuidado personal, como manicuras y pedicuras en salones de belleza. ¿La alternativa? Hazlo tu misma.
- Teléfonos móviles y dispositivos electrónicos. ¿La alternativa? Quédate el teléfono viejo. Cuida y protege tu ordenador portátil. Evita los televisores de pantalla grande. De hecho, evita los televisores. Mira series de televisión y películas en línea y evita los anuncios que intentan convencerte de que compres cosas que no necesitas. Ten un libro a mano. Lee, lee, lee.

- Demasiadas cenas, demasiadas "*happy hour*", demasiadas "noches de chicas", es decir, pagar precios minoristas de alimentos y licores en restaurantes y bares. Este comportamiento es una forma probada y segura de gastar mucho dinero y no tener nada que mostrar, excepto tal vez un dolor de cabeza la mañana siguiente. ¿La alternativa? Invita a las chicas, y tal vez a algunos chicos, a tu apartamento para una degustación de vino o whisky de malta. Sé creativa. Hazlo divertido. Usa tu imaginación.

Es posible que ni siquiera te des cuenta de que estás haciendo estos gastos innecesarios, y cómo se acumulan, o cómo están limitando tus elecciones y tu futuro. Ahora ya lo sabes. Controla y ajusta tus gastos mensuales. Sé disciplinada en tu búsqueda de libertad financiera.

"Si no puedes hacer nada, entonces debes hacer eso. Conquista".

—Anónimo

Las Absolutamente Peores

Acabamos de cubrir las opciones "menos que las mejores" que podrías hacer con respecto a los gastos, y puedes ver fácilmente cómo estos malos hábitos pueden impedir tu capacidad de administrar tu dinero de manera inteligente. También existe la categoría de "las absolutamente peores" decisiones que puedes tomar que realmente destruirán tu futuro financiero. Voy a enumerar algunas muy rápidamente:

- Abuso de sustancias: nada puede eliminar un estado de cuentas saludable como unos pocos meses de abuso de drogas o alcohol, ya sea por ti o un miembro de tu familia. Busca y estate dispuesta a aceptar ayuda si la necesitas.
- Problemas legales: que pueden ser provocados por el abuso de sustancias, o simplemente por una actividad criminal estúpida, el divorcio (ver *The Old Money Guide To Marriage*), elegir a la persona equivocada con quien hacer negocios, o cualquier otra cosa que te ponga en la mira de la ley y en necesidad de abogados. Las demandas civiles a menudo también entran en esta categoría. Incluso si tú "ganas", todo el esfuerzo podría ser una pro-

- Embarazo no planificado: quedar embarazada antes de haber establecido una relación comprometida con otra persona y antes de que lo tengas todo bien encarrilado es una manera confiable de tirar tus finanzas y tu futuro por la borda. Recuerda: óvulo más esperma es igual a bebé. No es un accidente. Ya lo he dicho antes.
- Avaricia: nada arruinará un negocio rentable o una estrategia de inversión sólida como la avaricia. Estar contenta con hacerlo bien y saber cuándo vender son clave para una alta calidad de vida. Como dice el viejo proverbio de Wall Street: los toros ganan dinero, los osos ganan dinero y los cerdos van al matadero.

Para concluir, debes saber que los orígenes del despilfarro (mala gestión del dinero) son a menudo confusión, apatía y baja autoestima. Puedes remediar todas y cada una de estas condiciones e ir por un camino de elecciones financieras prudentes, día tras día. Independientemente de tus ingresos, la administración sólida del dinero es clave. Una vez que hayas dominado eso, es hora de considerar preservar lo que has adquirido y hacerlo crecer.

> *"Hay dos tipos de dolor por los que pasarás. El dolor de la disciplina y el dolor del arrepentimiento. La disciplina pesa onzas. El arrepentimiento pesa toneladas".*
>
> —Jim Rohn

La Ejemplar - Barbara Jordan

Nacida y criada en un barrio negro pobre en Houston, Texas, Barbara Jordan era hija de un ministro bautista.

Alentada por sus padres para luchar por la excelencia académica, se graduó con honores de su escuela secundaria en Houston. Le prohibieron asistir a la Universidad de Texas en Austin debido a las políticas de segregación vigentes, en

1956, la Sra. Jordan se graduó de la Universidad del Sur de Texas. Luego continuó sus estudios en la Facultad de Derecho de la Universidad de Boston.

Después de obtener su título, regresó a Texas y estableció su práctica legal. Poco después, la Sra. Jordan se hizo activa en política, haciendo campaña por el boleto presidencial demócrata de 1960 de John F. Kennedy y su compañero texano Lyndon B. Johnson.

En 1962, la Sra. Jordan lanzó su primera candidatura para un cargo público, haciendo campaña por un escaño en la legislatura de Texas. En 1966, después de dos candidaturas infructuosas, Jordan se convirtió en la primera mujer afroamericana en la legislatura de Texas. Luego fue elegida para el Senado de Texas en 1968.

En 1972, se postuló para un cargo nacional, convirtiéndose en la primera mujer negra elegida para el Congreso desde el sur. Mientras estuvo en el Congreso, la Sra. Jordan ganó prominencia nacional, su voz poderosa, medida y convincente hizo eco a través de las cámaras mientras pedía la destitución del presidente Nixon durante las audiencias de Watergate.

Una gran defensora de la Enmienda de Igualdad de Derechos, trabajó incansablemente por la legislación contra la discriminación racial y ayudó a establecer los derechos de voto de los ciudadanos que no hablaban inglés.

Después de una larga carrera en política en Washington, DC, regresó a la Universidad de Texas, 30 años después de que se le negó la admisión como estudiante. Esta vez, ella entró al campus como profesora adjunta, muchas gracias, y enseñó ética.

Mira a Barbara Jordan como una vida bien vivida en su servicio público.

"Tienes que ser capaz de amarte a ti mismo, amarte a ti mismo fuertemente, y no dejar que nadie te desmotive de tu autoestima".

—Barbara Jordan

"La voluntad de triunfar es importante. La voluntad de prepararse es clave".

—Joe Paterno

May 16, 2017 - Larrasoaña, España

CAPÍTULO 17

Tener y Sostener

Hasta ahora, hemos abordado la adquisición de riqueza material y la gestión del dinero una vez que lo hayas recibido. Ahora abordemos la preservación y el crecimiento como el aspecto final de la independencia financiera. Esto se hace ahorrando dinero, lo que siempre debes hacer, e invirtiendo dinero, que puedes elegir hacer.

"Invertir" es la adquisición de activos que generan ingresos que, esperas, aumenten de valor con el tiempo. Algunas mujeres eligen inversiones que aumentan de valor con el tiempo, pero no pagan dividendos en efectivo regulares. Esto significa que una mujer solo se beneficiaría si vendiera su inversión (acciones o valores, por ejemplo) a un precio más alto que su precio de compra en algún momento en el futuro.

Si tienes una amplia fuente de ingresos de tu trabajo o profesión, puedes estar contenta de invertir en un activo que solo se espera que aumente de valor con el tiempo y no pague dividendos, intereses o ponga dinero en tu bolsillo todos los meses de alguna manera. Puedes sentirse cómoda con los activos que no puedes liquidar rápidamente. También puedes sentirte cómoda con las "ganancias" que aparecen solo en papel, como acciones, pero que podrían tener menos valor mañana en función de las circunstancias que no controles. (Ejemplos recientes incluyen precios de acciones que fluctúan enormemente en función del comportamiento errático del Director Ejecutivo de una empresa y la participación de una empresa en un escándalo político).

Muchas mujeres invierten de esta manera. A otras mujeres les gustan los activos que ponen dinero en sus bolsillos todos los meses y que pueden liquidar rápidamente si es necesario. Por lo menos, les gustan los activos que pueden pedir prestados o utilizar como garantía para adquirir otros activos. Esto les permite conservar su efectivo y apilar sus inversiones.

Es tu misión pasar el tiempo, investigar, hacer las preguntas difíciles y decidir sobre la estrategia de inversión, filosofía, activo o asesor que funcione para ti. Haz esto solo después de largas horas educándote y pensando en ello. Recuerda que es el ingreso pasivo de las inversiones lo que permite a una mujer ser independiente, tener opciones y hacer lo que quiere hacer con su tiempo, ya que sus necesidades financieras se satisfacen constantemente.

También debes saber esto: enfrentarás una inevitable relación riesgo/recompensa por cualquier inversión que consideres. El riesgo potencial y la recompensa potencial serán iguales en todos los casos. El riesgo forma parte incluso de las inversiones más conservadoras. Sin embargo, invertir en activos que generan ingresos puede proporcionar una segunda fuente de ingresos. Al elegir invertir e invertir sabiamente, las mujeres pueden reducir uno de los mayores riesgos que enfrentan hoy en día: tener una sola fuente de ingresos, a saber, un trabajo. Una segunda fuente de ingresos de un activo podría ser un salvavidas si una mujer pierde su trabajo o no puede trabajar.

Quiero declarar de nuevo claramente que no doy consejos de inversión sobre acciones o bonos en general o en particular, bienes raíces o cualquier otra clase de activos. Hay profesionales calificados que comprometen sus vidas a diseñar estrategias de inversión y localizar oportunidades de inversión que pagarán dividendos de manera consistente y aumentarán su valor con el tiempo. Búscalos si lo deseas. Aquí hay algunas ideas generales que ofreceré, a riesgo de repetirme, no porque no recuerde lo que escribí, sino porque quiero que recuerdes lo que has leído:

Primero, tu trabajo será adoptar una filosofía de inversión que se adapte a tu personalidad y tus objetivos. Esto significa, simplemente, ¿cuánto riesgo puedes tolerar y cuánta liquidez necesitas? La relación riesgo/recompensa es como la gravedad: simplemente no puedes escapar de ella, y que Dios te ayude si tratas de desafiarla. Tarde o temprano, se impondrá y te mostrará la naturaleza de la ley. La ley es: recompensa potencial es igual a riesgo potencial. Acepta esto.

En segundo lugar, tendrás que investigar tú misma sobre las oportunidades de inversión. La calidad de tu información será la calidad de tu conocimiento, lo que a su vez afectará la calidad de tus decisiones y la calidad de tu retorno de la inversión. Si lees revistas o blogs brillantes y comercializados en masa por quién sabe quién para obtener asesoría sobre inversiones, prepárate para rendimientos mediocres o pérdidas que provoquen jadeos.

En tercer lugar, probablemente, en algún momento, estarás bien servida para obtener la ayuda de un asesor de inversiones profesional. Las recomendaciones de una Mujer Rica de Cuna u Hombre Rico de Cuna son las mejores en este sentido. Busca a alguien con un historial de resultados, no un maletín lleno de promesas y un buen corte de pelo. Busca a alguien que no obtenga una comisión en cada operación. Deseas asegurarte de que tu asesor de inversiones y contador público certificado se centren en *aumentar tu patrimonio neto y limitar tu responsabilidad fiscal* a largo plazo. Estate dispuesta a pagar una prima por la asesoría de expertos sobre estos temas.

Cuarto, querrás asegurarte de tener una *cartera diversificada* para que, si las cosas van mal en una clase de inversión, tienes otro activo (o tres) que aumentará de valor, o al menos mantendrá su propio valor.

Una vez más, que sepas que el ingreso pasivo de las inversiones le permite a una mujer ser independiente, tener opciones y hacer lo que quiere hacer con su tiempo, ya que sus necesidades financieras se satisfacen constantemente. La decisión de en qué invertir, cuánto invertir y cuándo liquidar las inversiones es completamente tuya.

Cuanto más ganes, mayor será tu porcentaje de ahorro. Si estás ahorrando el 10% de tus ingresos como asistente, cuando seas ascendida a gerente, deberías considerar ahorrar un 20%. A medida que adquieres activos, es aconsejable tomar los ingresos de esos activos (o beneficiarte de su venta) y reinvertirlos en la adquisición de más activos. Apila tus activos. Nuevamente, considera diversificar tus activos en algún momento. Haz la investigación. Aprende lo que va bien para ti. Sé deliberada. Sé determinada. La falta de preparación, como dijo Benjamin Franklin, se está preparando para el fracaso.

Ten tu trabajo y tus activos generando ingresos para ti. Ten tu "fondo de emergencia" de 6 meses a un año de gastos de vida en el banco. Luego, considera iniciar un negocio por separado para obtener más ingresos. Recuerda: el dinero es poder, especialmente para las mujeres.

Inversiones de los Ricos de Cuna

Hemos hablado sobre la Mujer Rica de Cuna, que vive bastante cómodamente de los ingresos por intereses, alquileres, regalías o dividendos de sus inversiones. Ella vive por debajo de sus posibilidades y no toca la cantidad de capital "principal" que se invierte. Esta es la "gallina de los huevos de oro". Cuando una Mujer Rica de Cuna es "financieramente independiente", puede hacer lo que quiera con su tiempo y satisfacer sus necesidades financieras con el efectivo que tiene a mano y con inversiones que proporcionan lo que se llama "ingreso pasivo".

Este "ingreso pasivo" se llama así porque no depende de la participación "activa", como su trabajo o desempeño, para que pueda recibir el ingreso. El único requisito de una mujer con ingresos pasivos es despertarse por la mañana. El ingreso pasivo llega independientemente de si ella hace o no algún esfuerzo ese día, esa semana, ese mes o ese año. Las inversiones que proporcionan ingresos pasivos a sus propietarios de Independencia Óptima incluyen:

- dividendos de acciones, bonos y anualidades;
- ingresos por alquileres de propiedades residenciales como edificios de apartamentos; propiedades comerciales tales como edificios de oficinas o estacionamientos; o propiedades agrícolas, como tierras de cultivo o tierras de pastoreo;
- regalías de propiedades intelectuales como libros, fotografías, derechos de autor de canciones y/o publicación de música, películas, patentes, marcas comerciales e innovaciones tecnológicas;
- inversión en un negocio rentable existente como un "socio silencioso", es decir, un socio que solo tiene una inversión financiera, no responsabilidades laborales diarias.

Si los activos de una mujer económicamente independiente superan con creces sus necesidades (e incluso sus deseos), se la considera "rica". Los lujos se pueden adquirir y disfrutar sin preocuparse por el futuro bienestar financiero. La generosidad es la segunda naturaleza. Un mundo de posibilidades para hacer el bien —y hacer el bien— está abierto para ella.

La Mujer Rica de Cuna reconoce el verdadero valor del dinero, su poder y la libertad que brinda. Por lo tanto, ella prioriza ganar y gastar de manera diferente a la mayoría de la población. Ella reconoce el verdadero valor de la salud y la educación y los prioriza como un medio para maximizar su calidad de vida y potencial de ingresos. Gasta menos en "bienes y servicios" (cosas materiales) y prioriza la adquisición de "activos" (inversiones) y disfruta de experiencias.

Cuando se compran bienes y servicios, la Mujer Rica de Cuna está en condiciones de adquirir lo mejor y pagar en efectivo por ello. Esta es la única forma verdadera de "ahorrar" dinero. Comprar lo mejor, por supuesto, puede tener diferentes significados para diferentes personas, pero para la Mujer Rica de Cuna significa esto: saber la diferencia entre lo que es asequible y lo que es barato. Asequible es mantener tu estándar dentro de tu presupuesto. Barato es "compra uno y llévate otro gratis", lo que significa que estás pagando de más por algo que probablemente sea de mala calidad.

Los hábitos de gastos se priorizan teniendo en cuenta el futuro. Por ejemplo, algunas mujeres trabajan cada semana y les pagan. Toman parte del dinero que ganan, van a un restaurante y disfrutan de una comida. La Mujer Rica de Cuna toma la misma cantidad de ingresos discrecionales y la ahorra. Con el tiempo, adquiere suficiente dinero para comprar un restaurante, crea un activo que le aporta dinero cada mes y tiene la opción de dejar que alguien más cocine.

Muy a menudo, lo que la gente gasta su dinero cada mes a lo largo del tiempo determina al final si terminan siendo "ricos" o "pobres". Productos de consumo... pobres. Activos... ricos.

La Mujer Rica de Cuna vive por debajo de sus posibilidades, limita el gasto de consumos y utiliza el saldo a menudo considerable de sus fondos para adquirir activos con los que obtiene los ingresos con los que vive.

Para ser claros, los días en que la Mujer Rica de Cuna, o cualquier mujer, permanentemente felizmente e ignorante desconocedora de las finanzas de su familia han quedado atrás. Ya no existe el "Oh, mi marido se ocupa de todo eso". Las Damas de ahora son Damas que saben dónde está cada centavo. Como mujer en el camino hacia la independencia financiera, emula el comportamiento de quienes están donde tú quieres estar.

Aspectos a Recordar

Compra lo mejor. Solo llorarás una vez.

Cuando tienes la edad suficiente para votar y conducir, eres lo suficientemente mayor como para dejar de culpar a tus padres por la mala orientación, detenerte o en general arruinar tu vida.

El dinero, el puesto o los logros de tus padres no son tuyos para gastar o aprovechar. Sé tu propia persona. Abre tu propio camino.

Los compromisos generalmente no satisfacen a nadie.

Sé una guardiana del progreso que otras mujeres han hecho antes que tú. Sé una guía para otras mujeres que vienen después de ti.

Ir más allá de los pequeños sueños te llevará más allá de los pequeños problemas.

Trátate como una corporación, una que debería generar ganancias cada mes. Planifica bonos de rendimiento para ti, como Directora Ejecutiva, para marcar el logro de ciertos objetivos de ahorro e inversión. Haz un viaje. Disfruta de una noche en un restaurante caro con alguien especial. Invierte en ropa de cama de lujo. Sé creativa. Está bien aumentar la celebración a medida que aumentas el logro. De nuevo: *Planea. Trabaja. Gana. Ahorra. Invierte.* Mantén estas cosas en orden.

Además de las preguntas sobre la administración del dinero, hazte preguntas sobre la administración del tiempo, como: ¿cuánto tiempo pasas todos los días yendo y viniendo del trabajo? Si es más de una hora en cada sentido, considera acercarte a tu trabajo. Son horas de tu vida sentadas en el tráfico o en el tren. En palabras de Benjamin Franklin, "El tiempo perdido nunca se vuelve a encontrar". Abraza ese concepto. Las Mujeres Ricas de Cuna lo hacen.

La Ejemplar - Mae Jemison

Nacida en 1956, en Decatur, Alabama, la joven Mae Jemison quería ser científica, y trabajó fuertemente para lograr sus objetivos. Una estudiante brillante, ingresó a la Universidad de Stanford en una Beca Nacional de Logros a la edad de 16 años. La Dra. Jemison recibió una licenciatura en ingeniería química en 1977 y luego asistió a la Facultad de Medicina de la Universidad de Cornell. Mientras estuvo allí, estudió en Cuba y Kenia y trabajó en un campo de refugiados camboyanos en Tailandia.

Hizo su pasantía en el Centro Médico del Condado de Los Ángeles/USC y trabajó como médico general, luego investigó como oficial médico del Cuerpo de Paz de Sierra Leona y Liberia.

En 1985, decidió seguir su sueño de ir al espacio y solicitó la admisión al programa de entrenamiento de astronautas de la NASA. El desastre del Challenger de 1986 paralizó el proceso de selección, pero un año después volvió a presentar una solicitud y fue una de las 15 candidatas elegidas.

El 4 de junio de 1987, la Dra. Jemison se convirtió en la primera mujer afroamericana en ser admitida en el programa de entrenamiento de astronautas de la NASA. Después de más de un año de entrenamiento intenso, se convirtió en la primera mujer astronauta afroamericana. Obteniendo el título de especialista en misiones científicas, sería responsable de realizar experimentos científicos relacionados con la tripulación en el transbordador espacial.

Cuando su nave espacial se lanzó en 1992, con otros seis astronautas a bordo, se convirtió en la primera mujer afroamericana en el espacio.

Después de abandonar la NASA en 1993, la Dra. Jemison aceptó una beca de enseñanza en el Dartmouth College y fundó el Grupo Jemison, una compañía de tecnología avanzada. El espacio, la última frontera. Mae Jemison ha ido audazmente allí. Si estás interesada en la exploración espacial, aprende más sobre su vida.

"La mejor forma de hacer tus sueños realidad es ¡despertar!"

—Mae Jemison

"Abraza la incomodidad para dominar".

—Anónimo

CAPÍTULO 18

"Primeras" Damas

Este último capítulo reconoce a las mujeres que fueron "primeras" en sus campos de actividad. Incluyen políticas y mujeres de negocios, atletas y aventureras. Estas mujeres rompieron esquemas y barreras. Puede que hayan estado entre las "primeras" en hacer grandes cosas en nuestro mundo, pero ciertamente no serán las últimas.

Primera Mujer en ganar mil millones de dólares - Yoshiko Shinohara

Nacida en Japón durante la Segunda Guerra Mundial, la Sra. Shinohara tuvo una infancia difícil. Aun así, se las arregló para graduarse de la escuela secundaria y conseguir trabajo como secretaria. Después de presenciar la lucha de su madre viuda para llegar a fin de mes, decidió ayudar a otras mujeres. Su agencia temporal, Temp Holdings, le dio oportunidades de empleo a las mujeres japonesas. Comenzó en su apartamento de una habitación, los ingresos de este año superarán los $6.5 mil millones.

Primera Mujer en viajar al espacio - Valentina Tereshkova

A los 26 años, la extrabajadora textil y buceadora aficionada se convirtió en la primera mujer en viajar al espacio y fue la quinta cosmonauta en entrar en la órbita de la Tierra. Fue seleccionada entre más de cuatrocientos candidatos para pilotar Vostok 6. Aunque había planes para más vuelos dirigidos por mujeres al espacio, el grupo de cosmonautas femeninas de Valentina se disolvió en 1969. Pasarían casi 20 años antes de que la segunda mujer, Svetlana Savitskaya, hiciera el viaje.

Primera Mujer en postularse para presidente de los Estados Unidos - Victoria Woodhull

Aunque poco conocida hoy, la sufragista estadounidense Victoria Woodhull fue la primera mujer en postularse para la presidencia de los Estados Unidos en 1872. También fue una de las primeras mujeres en abrir una firma de corretaje de Wall Street e hizo una fortuna con su hermana en la Bolsa de Nueva York.

Primera Mujer en ganar una medalla de Oro Olímpica - Charlotte Cooper

Cinco veces campeona de las finales individuales del Grand Slam de Wimbledon, Charlotte Cooper se convirtió en la primera mujer en ganar una medalla de oro olímpica (en tenis) en 1900.

Primera Mujer afroamericana en ganar un título de Grand Slam en tenis - Althea Gibson

Gibson no solo ganó 11 torneos de Grand Slam en tenis durante su carrera, sino que fue la primera mujer negra en jugar en el recorrido profesional de golf femenino.

Primera Mujer en liderar un estado musulmán - Benazir Bhutto

Como la undécima primera ministra de Pakistán, Benazir Bhutto se convirtió en la primera mujer en encabezar un estado musulmán en 1988. Terminó la dictadura militar en el país y se destacó por su batalla por los derechos de las mujeres. Fue asesinada en 2007.

Primera Mujer elegida para el Parlamento británico - Condesa Constance Markiewicz

La condesa Constance Markiewicz fue la primera mujer elegida para la Cámara de los Comunes de Inglaterra en 1918. Sin embargo, no ocupó su asiento, en protesta contra Gran Bretaña.

Primera Mujer en ocupar un cargo nacional en los EE. UU. - Jeannette Rankin.

Elegida para el Congreso de los Estados Unidos en 1916, creía que la corrupción y la disfunción del gobierno de los Estados Unidos eran el resultado de la falta de participación de las mujeres. Durante una conferencia de desarme, ella declaró que "el problema de la paz es un problema de mujeres". Trabajó incansablemente durante más de 60 años, defendió la igualdad de género y jugó un papel decisivo en la iniciación de la legislación que se convirtió en la XIX Enmienda Constitucional, otorgando derechos de voto sin restricciones a las mujeres.

Primera Mujer en nadar a través del Canal de la Mancha - Gertrude Ederle

En 1926, la estadounidense Gertrude Ederle, apodada „Reina de las olas", se convirtió en la primera mujer en cruzar el Canal de la Mancha.

Primera Mujer en volar un helicóptero, un cohete y un caza a reacción - Hanna Reitsch

La aviadora alemana Hanna Reitsch estableció más de cuarenta récords de altitud y resistencia aeronáutica durante su carrera en los años 30 y 40, y fue la primera mujer en volar un helicóptero, un cohete y un caza a reacción.

Primera Mujer en romper la barrera del sonido - Jacqueline Cochran

La pionera Jacqueline Cochran fue la primera mujer en romper la barrera del sonido en vuelo el 18 de mayo de 1953, en un avión Canadair Sabre.

Primera Mujer en ser jefe de un gobierno - Sirimavo Bandaranaike

La política de Sri Lanka, Sirimavo Bandaranaike, fue la primera mujer jefa de gobierno del mundo, sirvió tres veces como Primera Ministra de Ceilán y Sri Lanka, 1960–65, 1970–77 y 1994–2000, y una líder del Partido Libertad de Sri Lanka desde hace mucho tiempo.

Primera Mujer en escalar el Everest - Junko Tabei

El 16 de mayo de 1975, Junko Tabei, una alpinista de Japón, se convirtió en la primera mujer en llegar a la cima del Monte Everest. También fue la primera mujer en ascender a las Siete Cumbres escalando el pico más alto de todos los continentes de la tierra.

Primera Mujer en ser primer ministro de Gran Bretaña - Margaret Thatcher

Independientemente de lo que se piense de su política, la "Dama de Hierro" Margaret Thatcher fue revolucionaria como la primera mujer primer ministro de Gran Bretaña, sirviendo desde 1979 hasta 1990.

Primera Mujer en completar un cuadriatlón - Brenda Yule

En 1983, Brenda Yule se convirtió en la primera mujer en completar un extenuante cuadriatlón: natación, kayak, ciclismo y carrera.

Primera Mujer en ser Jurista en la Corte Suprema - Sandra Day O'Connor

La jurista estadounidense Sandra Day O'Connor fue la primera mujer miembro de la Corte Suprema de los Estados Unidos, nombrada por el presidente Reagan en 1981.

Primera Mujer en ganar el Óscar al mejor director - Kathryn Bigelow

Kathryn Bigelow hizo historia en 2010 cuando se convirtió en la primera mujer en recibir el Premio de la Academia al Mejor Director.

En 2018, las mujeres lograron aún más...

Las primeras mujeres nativas americanas elegidas para el Congreso de los EE. UU. - 2018

Sharice Davids, ex miembro de la Casa Blanca de Kansas, es miembro de la nación Ho-Chunk. La Sra. Davids también fue el primer miembro abiertamente lesbiana del Congreso. Como abogada y ex luchadora de artes marciales mixtas, debería estar lista para cualquier cosa que Washington DC ponga en su camino.

Debra Haaland, activista comunitaria, la Sra. Haaland es miembro de la nación Pueblo de Laguna. Fue elegida para un mandato de dos años como presidenta del Partido Demócrata de Nuevo México en abril de 2015. Durante su mandato, los demócratas de Nuevo México recuperaron el control de la Cámara de Representantes de Nuevo México.

Las primeras mujeres musulmanas estadounidenses elegidas para el Congreso de los EE. UU. - 2018

Ilhan Omar, legisladora estatal demócrata en Minnesota, primera estadounidense de origen somalí en servir en el Congreso. Ella ha pedido control de armas, atención médica de un solo pagador y un camino hacia la ciudadanía para los inmigrantes indocumentados.

Rashida Tlaib, ex legisladora estatal demócrata en Michigan y abogada palestino-estadounidense, ha defendido Medicare para todos, un salario mínimo de $15 y abolió la Agencia Federal de Inmigración y Control de Aduanas.

Primera mujer de color de Massachusetts elegida para el Congreso de los EE. UU. - 2018

Ayanna Pressley es la primera mujer afroamericana en representar a ciudadanos de Massachusetts en el Congreso. Su oponente era un titular de 10 períodos. La Sra. Pressley ha prometido perseguir "liderazgo activista" para avanzar en una agenda progresiva.

Primera mujer de color de Connecticut elegida para el Congreso de los EE. UU. - 2018

Jahana Hayes, administradora del distrito escolar en Waterbury, Connecticut, es la primera mujer afroamericana en representar a ciudadanos de Connecticut en el Congreso. La Sra. Hayes, demócrata, fue una famosa ex maestra de historia que fue elegida como la Maestra Nacional del Año en 2016.

Primeras veinte y tantas elegidas para el Congreso de los EE. UU. - 2018

Alexandria Ocasio-Cortez, de 29 años, es la mujer más joven en servir en el Congreso. La Sra. Ocasio-Cortez se convirtió en una sensación de la noche a la mañana en el verano de 2018 después de su molesta derrota primaria del representante Joe Crowley, un titular de 10 períodos que también fue el demócrata número 4 en la Cámara de Representantes. Las elecciones generales de noviembre hicieron su victoria en la funcionaria del Distrito XIV del Congreso de Nueva York.

Abby Finkenauer, la primera congresista de Iowa y una de las más jóvenes del país. El Estado Hawkeye nunca ha enviado a una mujer a la Cámara, hasta ahora. La Sra. Finkenauer, una demócrata de 29 años, sirvió dos mandatos como representante estatal y derrotó a su oponente republicano. Aunque tiene la misma edad que la Sra. Ocasio-Cortez, la Sra. Finkenaur cumplió 30 años en diciembre de 2018, solo unas semanas antes de su juramento en la ceremonia en enero.

Primeras latinas de Texas elegidas para el Congreso de los EE. UU. - 2018

En los casi 175 años desde que Texas se unió al sindicato, el estado ha enviado más de 300 representantes al Congreso, pero ninguna ha sido latina, hasta ahora. La jueza del condado de El Paso, Verónica Escobar, y la senadora estatal de Texas, Sylvia García, de Houston, ganaron sus distritos del Congreso en las elecciones de mitad de período de 2018, y representarán a esos distritos en 2019 al asumir el cargo.

Primera Mujer de Arizona elegida para el Senado de EE. UU. - 2018

Kyrsten Sinema es la primera mujer senadora de Estados Unidos en Arizona desde su juramento el 3 de enero de 2019. Ella derrotó por poco a su oponente, Martha McSally. La Sra. McSally, en particular, fue la primera mujer piloto en volar misiones de combate para la Fuerza Aérea de los Estados Unidos y la primera mujer en liderar un escuadrón de combate. Así que ambas son "primeras" damas.

Primera Mujer elegida gobernadora de Maine - 2018

Janet Mills fue elegida después de casi ocho años de que Maine fuera gobernada por el gobernador republicano Paul LePage. La gente de Maine lo reemplazó, eligiendo a su primera mujer gobernadora. La Sra. Mills, demócrata, anteriormente se desempeñó como fiscal general de Maine.

Encuentra tus propias inspiradoras "Primeras" Damas, o conviértete en una "Primera" Dama tú misma.

"La verdad es una acosadora y todos pretendemos que nos gusta".

—David Roberts

21 Mayo, 2017 – Logroño, España

Conclusión

Dominar los fundamentos de una filosofía, rica de cuna o no, nunca es fácil. Debes comprender los conceptos generales y luego aplicarlos a los detalles de tu vida diaria. A menudo es un proceso impredecible, lleno de epifanías instantáneas, mejoras emocionantes y luchas duraderas.

La clave de este dominio es determinar qué te motiva. ¿Es un deseo de éxito? ¿Miedo al fracaso? Ya sea que se trate de uno o de ambos, asegúrate de que estás operando desde una definición de "éxito" o "fracaso" que es tuyo y solo tuyo. El mundo, feliz y frecuentemente, intentará dictarte los términos y condiciones de estos dos conceptos, si no estableces el tuyo propio.

Da un paso a la vez, un tema a la vez, un ejercicio a la vez. La sorpresa agradable para ti es que lo más probable es que veas más de un beneficio a la vez: el progreso que realizas en un área de tu vida siempre tiene un efecto positivo en otra.

Recuerda que el progreso que hagas como mujer reflejará, en su mayor parte, los objetivos que definas, las estrategias que concibes y la eficacia con la que los implementes. Tu progreso también será igual a su resolución, como comunidad y como individuo.

Recuerda que vivir la vida de una Mujer Rica de Cuna tiene poco que ver con el dinero y tiene todo que ver con integridad e independencia, consistencia y consideración.

Recuerda, también, el tremendo poder que se encuentra en la palabra "No". Espero que uses esta palabra para rechazar creencias, actitudes, costumbres y leyes obsoletas que han frenado a las mujeres. En los textos sagrados de la India, el tiempo se conoce como "todopoderoso" y "destructor del mundo". Espero que pienses que la palabra "No" no necesariamente destruye el mundo, sino que "cambia el mundo". "No" no es solo una frase completa, es una posición. Carece de ambigüedad y está llena de sustancia. Cuando dices "No" y te niegas a aceptar algo que es injusto, y te mantienes firme, el autor de la injusticia no tiene más remedio que cambiar su comportamiento hacia ti o arriesgarse a perder su relación contigo.

La mayoría de las veces, los hombres cambiarán su comportamiento hacia las mujeres en lugar de arriesgarse a perderlas. Esto se aplica en las relaciones personales con novios y compañeros de trabajo, así como en el sector público donde el "voto de las mujeres" es fundamental. También se aplica en los negocios, ya que las mujeres toman todas las decisiones de compra por sí mismas y la mayoría de las decisiones de sus familias. Tú, como individuo y como grupo, tienes un tremendo poder para cambiar el comportamiento inaceptable. Todo lo que tienes que hacer es decir "No".

Por el contrario, espero que también digas "Sí" y aceptes todas las posibilidades constructivas y asociaciones para avanzar, mejorar y enriquecer tu vida... y nuestro mundo. Las mujeres a menudo están en una posición única para ver las cosas de manera diferente que los hombres, con más empatía y más sutilmente.

Nosotros, como hombres, a menudo buscamos mujeres para hacer de nuestro mundo un lugar amoroso, civilizado y decente. Nosotros, como planeta, ahora necesitamos mujeres más que nunca en posiciones de liderazgo: nuestros gobiernos y corporaciones necesitan desesperadamente una nueva visión, una perspectiva matizada y una nueva inteligencia.

Mi último pedido es que utilices las herramientas y la filosofía de los Ricos de Cuna presentadas en este libro para levantarte y luego para levantarnos. Eleva tu posición en la sociedad, luego eleva nuestro discurso en política. Dar a luz a un niño si lo deseas, luego dar a luz a un mundo mejor si puedes.

Para terminar, regreso a Goethe, que comenzó con nosotros en este viaje, y te dejo las últimas palabras:

"No sueñes sueños pequeños, porque no tienen poder para mover los corazones de los hombres".

Os deseo todo lo bueno en abundancia...

"He decidido ser feliz porque es bueno para mi salud".

—Voltaire

Niña tibetana, decidiendo ser feliz.
—Fotógrafo Desconocido

Apéndice de las Compañías de Cosméticos: Quién Tiene Qué

¿Sabías quién tiene tu maquillaje favorito? Aquí hay una lista parcial, elaborada en 2018.

WALGREENS BOOTS ALLIANCE

- Boots
- Botanics
- Liz Earle
- No 7
- Soap & Glory
- Solution

AVON

- Avon Color
- Anew And Solutions
- Mark

BEIERSDORF

- Eucerin
- La Prairie
- Nivea

COTY

- Calvin Klein
- Davidoff
- Jill Sander
- Lancaster
- Opi
- Philosophy
- Rimmel London
- Sally Hansen
- Younique Cosmetics
- Wella

También posee muchas marcas de perfumes, incluidos Sarah Jessica Parker, Jennifer López, Kylie Minogue, David y Victoria Beckham, Marc Jacobs y Chloe

ESTEE-LAUDER

- Aerin
- Aramis
- Aveda
- Bobbi Brown
- Bumble and Bumble
- By Kilian
- Clinique
- Dauphin
- Donna Karan
- Estee Lauder
- Eyes by Design
- Flirt!
- Frederic Malle
- Glamglow
- Good Skin Labs
- Grassroots
- Jo Malone
- Kiton
- La Mer
- Lab Series
- Lab Series Skincare for men
- Le Labo
- MAC
- Michael Kors
- Missoni
- Mustang
- Ojon
- Origins
- Osier
- Prescriptive
- Rodin Olio Lusso
- Smashbox Cosmetics
- Tom Ford Beauty
- Tommy Hilfiger
- Too Faced
- Tory Burch

JOHNSON & JOHNSON

- Ambi skincare
- Aveeno
- Clean and Clear
- Johnsons
- Lubriderm
- Neutrogena
- Purpose
- Piz Buin
- RoC
- Rogaine
- Shower to shower
- Vendome

KAO

- Ban
- Bioré
- Curél
- Guhl
- Jergens
- John Frieda
- Kanebo
- Molton Brown

LOREAL

- Biotherm
- Cacharel
- Carol's Daughter
- Clarisonic
- Decleor
- Diesel
- EM Michelle Phan
- Essie
- Garnier
- Giorgio Armani
- Helena Rubinstein
- Innéov
- IT Cosmetics
- Kérastase
- Kiehl's
- L'Oréal Paris
- L'Oréal Professionnel
- La Roche-Posay
- Lancôme
- Matrix
- Maybelline New York
- Mizani
- NYX
- Pureology
- Ralph Lauren
- Redken
- Roger & Gallet
- Sanoflore
- Softsheen-Carson
- Shu Uemura
- SkinCeuticals
- Urban Decay
- Vichy Laboratoires
- Victor & Rolf
- Yves Saint Laurent Beaute

LVMH

- Moet Hennesy - Louis Vuitton
- Acqua di Parma
- Benefit
- Dior
- Fendi
- Fresh
- Givenchy
- Guerlain
- Kat Von D
- Kenzo
- La Brosse et Dupont
- Make up for ever
- Nude
- Ole Henriksen
- Perfumes Loewe
- Sephora

MANZANITO PARTNERS

- Byredo
- Diptyque
- Eve Lom
- Kevyn Aucoin
- Lipstick Queen
- Malin and Goetz
- SpaceNK

PROCTER AND GAMBLE

- Aussie
- Boss Black & Orange Fragancia + Cuidado de la piel
- Braun
- Clairol
- Covergirl
- Gillette
- Gucci Fragrances
- Head and Shoulders
- Herbal Essences
- Infusium 23
- Lacoste Fragrances
- Max Factor
- Noxzema
- Olay
- Pantene
- Perfect 10
- SK-II
- Venus

También posee muchas fragancias como Boss, Hugo y Valentino

REVLON

- Almay
- CND
- Elizabeth Arden
- Revlon
- Sinful Colors
- Ultima 2

SHISIDO

- Bare Minerals
- Clé De Peau
- Dolce & Gabbana
- Elie Saab
- Issey Miyake
- JPG
- Laura Mercier
- Majolica Majorca
- Narciso Rodriguez
- Nars
- ReVive
- Serge Lutens
- Shiseido

UNILEVER

- Axe
- Clear
- Dermalogica
- Dove
- Kate Somerville
- Lux
- Murad
- Pears
- Ponds
- Rexona
- St Ives
- Sunsilk
- Tony & Guy
- TRESemmé
- Vaseline

www.ingramcontent.com/pod-product-compliance
Lightning Source LLC
Chambersburg PA
CBHW030109240426
43661CB00031B/1342/J